나는
탐구보고서로
대학 이공계 간다

나는 탐구보고서로 대학 간다_이공계

펴낸날 2020년 5월 10일 1판 1쇄

지은이 _ 정유희·안계정·정동완
펴낸이 _ 김영선
교정·교열 _ 이교숙
기획 _ 이영진
경영지원 _ 최은정
디자인 _ 박유진·현애정
마케팅 _ 신용천

펴낸곳 (주)다빈치하우스-미디어숲
주소 경기도 고양시 일산서구 고양대로632번길 60, 207호
전화 (02) 323-7234
팩스 (02) 323-0253
홈페이지 www.mfbook.co.kr
이메일 dhhard@naver.com (원고투고)
출판등록번호 제 2-2767호

값 16,800원
ISBN 979-11-5874-070-2 (43370)

이 도서의 국립중앙도서관 출판예정도서목록(CIP)은 서지정보유통지원시스템 홈페이지(http://seoji.nl.go.kr)와 국가자료공동목록
시스템(http://www.nl.go.kr/kolisnet)에서 이용하실 수 있습니다.(CIP제어번호 : CIP2020014627)

EBS
교원연수
공식교재

나는
탐구보고서로
대학 이공계 간다

하룻밤에 작성하는 탐구보고서

정유희·안계정·정동완 지음

미디어숲

추천사

『나는 탐구보고서로 대학간다_이공계』는 만들어주는 R&E가 아니라 학생이 자기주도적으로 자신의 진로 분야를 선택하여 직접 탐구하는 프로젝트 안내서다. 이 책의 강점은 영역별로 풍부한 사례를 담고 있다는 것이다. 학생들이 이 책만을 보고도 스스로 할 수 있다는 자신감을 주는 '스스로 학습서'다. 전문 분야를 탐구해보는 것은 의미 있는 작업이지만 실제 실행하기에는 막막함이 있다. 이 책이 바로 그 '막막함'을 풀어줄 수 있는 해법서가 될 것이다.

조훈, 서정대 교수

한편의 탐구보고서를 작성하는 것은 주제선정-계획수립-보고서작성-발표에 이르는 지적호기심의 완성과정이다. 이런 절차를 논리적으로 해결해 나가는 것은 자기주도학습의 희망이다. 탐구보고서 주제찾기와 탐구보고서 작성사례 그리고 연계활동 가이드는 알찬 내용전개를 약속하고 있다. 몇 번이고 읽어 보아야 할 책이다.

정남환, 호서대 교수(입학사정관)

현대사회에 필요한 인재의 기준이 정보를 활용하고 논리적으로 분석하여 기존의 정보를 재해석하는 사람으로 변화하고 있다. 이는 대학입시에도 그대로 적용되어 희망하는 진로와 연계된 준비를 얼마나 잘 해왔는지 평가하고 있다. 이러한 맥락에서 볼 때 탐구보고서는 그 중심에 있다. 하지만 이를 쉽사리 접근하는 것은 녹록치 않은 일이다. 하지만 이 책에 있는 순서와 사례를 참고한다면 스스로 탐구보고서를 쓰는 역량이 성장될 것이다.

김홍겸, 안산광덕고 교사

학생부종합전형의 핵심은 교과 수업과 학교활동 연계를 통한 학생의 성장과 발전이다. 따라서 교과나 학교활동에 연계한 탐구활동은 중요한 역할을 한다. 이 책은 그간 탐구활동을 어렵게 생각하여 탐구보고서의 방향을 정하지 못한 학생들을 위한 지침서가 될 것이라고 생각한다.

김두용, 영남고 교사

탐구보고서 A부터 Z까지 다 담긴 책이다. 이 책은 탐구활동이 바로 공부라는 사실을 바탕으로 학생들이 평소 궁금해하는 다양한 탐구주제 사례를 담았다. 주제 선정에 어려움을 겪고 있는 학생들에게 이 책을 추천한다. 이 책 속의 사례를 따라하면서 자신만의 탐구보고서를 만들어보자!

김승호, 청주외고 교사

인문과목 교사로서 이공계열 진로를 희망하는 학생들을 지도하는 것이 쉽지 않았다. 그래서 이공계열 탐구활동을 수학·과학 선생님들께만 미뤄 두었었다. 하지만 이제 알짜배기 탐구보고서 작성법이 있어 학생들을 잘 지도할 수 있을 것 같다. 무엇보다 보고서 작성하는 방법과 PPT 작성법, 발표하는 법 등은 학생들에게 진로의 등불이 되리라 생각한다.

손평화, 거창고 교사

교과세부능력 특기사항의 중요성이 더욱 부각되면서 교과 선생님들이 학생들의 개별적 특성을 드러내주기 위해 노력하고 있다. 나도 탐구활동을 지도하면서 학생들의 주제 선택부터 내용의 깊이 정도에 대해 많은 시행착오를 겪었다. 이 책은 교과 선생님들뿐만 아니라 학생들의 탐구능력 향상에 많은 도움이 될 만한 주제들로 구성되어 있다. 넓은 스펙트럼의 주제들 사이에 여러 교과목들이 연결되어 있어 학생들에게 탐구보고서의 가이드라인을 잡아 줄 것이다.

정유나, 화천정보산업고 교사

막상 쓰려면 시작부터 고민하게 되는 탐구보고서! 주제를 정하는 것도 어렵고 자료는 또 어디서 찾아야 할지 막막할 때 꼭 필요한 책이다. 『나는 탐구보고서로 대학 간다』를 통해 주제 선정과 자료 조사방법 그리고 실제 작성 사례까지 탐구보고서를 준비하는 친구들에게 단비와도 같은 책이다.

김형준, 서울숭의여고 교사

당장 대학교에서 원하는 인재가 누구인가? 자기 주도적이고 말 잘하고 창의적이면서 인성까지 좋은 학생. 이 모든 것을 하나로 표현해 낼 수 있다면 얼마나 행복할까? 2015 개정 교육과정 '탐구보고서'를 통해서 자신을 어필할 수 있는 시대. 이왕이면 다양한 사례를 통해 다듬어진 탐구보고서를 작성해야 한다. 이 책은 그 시작의 첫걸음이 될 것이다.

강성진, 충북국원고 교사

학교에서 소논문 쓰기가 유행이다. 학생이 논문을 작성해본다는 것은 매우 좋은 경험으로 학생 스스로 관심 있는 주제를 선정하고 결과를 도출하는 과정 자체가 의미 있다. 현재 학교생활기록부에는 소논문이라는 말을 사용할 수 없다. 하지만 탐구보고서의 형태로 각 학교에서는 학생의 역량을 기르는 많은 활동이 이루어지고 있다. 때맞추어 『나는 탐구보고서로 대학 간다』의 출간은 자세한 계열별 탐구보고서 작성이 필요한 학생에게 지침서가 되어줄 것이다.

박상철, 경기흥진고 교사

중·고등학교 때 공부만 하다가 대학의 과제 시스템을 맞닥뜨리면 학생들은 당황한다. 또한 대학 졸업논문도 논문이란 형식에 맞춰 겨우 제출하는 게 현실이다. 하지만 중·고등학생 때 일상생활에서 필요한 주제를 정하여 소논문(또는 R&E)을 작성하는 습관을 기르게 되면 다른 학생과 차별화가 될 수 있다. 이 책은 대학 입학 전 탐구보고서 작성 능력을 향상시키는 데 큰 도움이 될 것이다.

노성빈, 서울항동중 진로진학상담 교사

탐구보고서를 시작하는 학생들에게 이 책을 다음과 같이 소개하며 추천한다. 첫째, 나의 학습을 유의미한 결과물로 변화시켜줄 안내서, 둘째, 나의 공부를 체계적인 탐구로 이끌어줄 가이드맵, 셋째, 나만의 진로를 탄탄하게 준비시켜줄 설계도!

이도영 교육학박사, 부산대·부산교대 교수

진학을 준비하는 학생들은 많은 고민을 가지고 있다. 가장 큰 고민은 고등학교의 활동 내용과 대학교의 학습 준비도를 연결할 전공적합성에 대한 문제이다. 그 문제를 해결할 열쇠는 탐구의 대한 선경험이다. 그리고 이 책이 그 경험의 길잡이가 되어 줄 것이다.

김대열, 수원여대 외래교수(입시통 대표)

학생부종합전형에서 학업역량과 전공적합성을 평가하기 위한 '탐구보고서'는 2015 개정 교육과정에서 여전히 중요하다. 교과지식을 특정주제를 정해 연구하고 그 과정에서 얻는 결과가 학생에게 긍정적이기 때문이다. 또한 실천적인 지식인의 변화를 동시에 엿볼 수 있기 때문에 해당 도서를 적극 추천한다.

전용준, 강대마이맥 입시전략연구소장

프롤로그

〈2015 개정 교육과정〉의 주요 골자는 교과목 선택과 성취도 평가에 대한 내용이다. 이제 학생들은 학교의 틀에서 벗어나 스스로 진로과목을 선택하고, 본인의 진로에 맞는 다양한 활동을 해야 한다. 자율탐구활동, 동아리활동, 교과모둠활동, 진로활동 등을 통해 학생 스스로의 학업 역량과 발전 가능성을 보여주어야 한다.

그러나 학교와 교사가 학생의 모든 활동사항을 알기란 어려운 일이다. 그래서 학생이 직접 노력한 내용을 자기평가, 소감문, 수행평가 결과물, 독후감 등으로 작성해 교사에게 제출해야 한다. 그 중심에는 '탐구보고서'가 있다.

학교생활기록부 기재는 정규교육과정의 교과 성취기준에 따라 수업 중 연구보고서 작성이 가능한 과목(융합과학 탐구, 과학과제 연구, 수학과제 탐구, 과학탐구실험)에서 특별히 기록할만한 내용을 작성할 수 있다. 또한 동아리활동을 하며 심화 탐구를 통해 배운 내용도 기재할 수 있다.

하지만 탐구보고서를 처음 접해보는 학생들은 작성에 어려움을 토로하며 포기하는 경우가 있다. 양식이 주어져도 어떻게 작성해야 하는지 막막해한다. 이처럼 학생들이 탐구 주제를 선정하고 자료를 찾는 데 노력을 쏟고도 포기하는 모습이 안타까워 이 책을 집필하게 되었다.

이 책은 탐구보고서를 처음 써 보거나 더 잘 쓰고 싶은 친구들을 위한 책이다. 또한 탐구보고서에 관심이 많은 학부모님과 학생들을 지도해야 하는 선생님을 위한 책이기도 하다.

책을 집필하며 '쉽고, 정확하고, 빠르게!'라는 가치에 중점을 두었다. 그래서 우리가 일상에서 쉽게 접할 수 있는 탐구 주제를 담으려고 노력했다. 흔히 탐구보고서라고 하면 오랜 기간 조사하고 연구해야 된다고 생각한다. 그러나 이 책에는 일상에서 느끼는 궁금증을 검증하는 차원에서 작성할 수 있는 방법도 소개하였다. 심지어 탐구보고서를 하룻밤에 뚝딱 작성할 수 있는 비법도 포함되어 있다.

아직 여러분은 탐구보고서의 첫 단추를 꿰는 주제 선정부터 뼈대를 세우는 목차 구성이 어렵게 느껴질 것이다. 하지만 실례를 통한 실전 보고서를 접하고 나면, 어느새 여러분은 보고서 작성이 두렵지 않게 된다. 또한 선배들의 탐구보고서를 작성 후 느낀 내용들을 보면서 지식의 확장을 경험하게 될 것이다.

무엇보다 이 책의 마지막 장을 덮으며 '나도 탐구보고서로 대학을 간다!'라는 자신감이 생길 것이다.

정유희, 안계정, 정동완

🔷 차례

 PART 1 탐구보고서의 모든 것

PART
2

탐구보고서 주제 찾기

탐구보고서 작성 사례

PART
4

탐구보고서 연계 활동

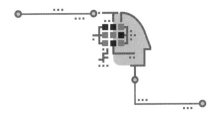

PART
1

·
·
·

탐구보고서의
모든 것

탐구보고서란 무엇인가?

수업시간에 배운 지식의 사실 여부 확인을 위해, 선행 연구 자료를 조사하거나 주제를 선정하여 이를 해결하는 일련의 과정을 '탐구활동'이라고 한다. 이러한 탐구활동을 통해 얻은 결과를 글로 정리한 것을 '탐구보고서'라고 한다.

탐구보고서, 진짜 공부의 시작

탐구보고서가 중요한 이유는 학생부종합전형의 평가기준인 자기주도성과 전공적합성, 학업역량을 모두 만족시키는 활동이기 때문이다.

"수업시간에 배운 내용 중 선행학습을 요하는 내용이어서 유도과정은 생략한다." 이런 글이 적혀있는 경우에 공식만 외워 문제풀이만 해도 되지만, 스스로 왜 이런 공식이 나오게 되었는지 관련 책이나 논문을 찾아보면 좋다. 그 과정을 통해 학생 자신의 우수성을 보여줄 수 있기 때문이다.

입학사정관이 생각하는 지적호기심이란 무엇일까. 궁금한 점이 있다면 왜 그런지 그 이유를 찾아보고 알아가는 것이다. 또한 궁금한 점을 알게 되었다면 관련 내용을 공부하면서 추가적으로 공부한 내용이 있으면 더 효과적이다. 전공 관련 책을 읽거나 강의를 들어보는 등의 활동이 학생부에 기록된다. 이는 학생의 지적호기심, 자기주도성, 전공적합성, 학업역량을 보여주는 사례가 된다.

하나의 주제 또는 가설을 설정하여, 탐구를 통한 결과를 논리적인 구성으로 작성한 것을 탐구보고서라고 한다. 이 활동은 교과 세부능력 및 특기사항(이하 교과 세특)에 기록될 수 있다. 또한 자율동아리에서 자신의 진로와 연계하여 좋은 효과를 기대할 수도 있다. 탐구주제 선정의 이유, 활동 및 역할, 어떤 노력을 했는지, 알게 된 지식 등을 정리하여 탐구보고서를 제출하면 동아리 및 진로활동에 긍정적 영향을 미칠 수 있다.

2020학년도 학교생활기록부 기재요령에 보면, "학교교육계획에 따라 실시한 교육활동 중 교사 지도하에 학생이 직접 작성한 자료를 활용하여 학교생활기록부의 서술형 항목에 관찰 및 평가한 내용을 기록할 수 있다."라고 되어 있다. 따라서 학생은 자신이 활동한 내용을 자기평가서, 수행평가 결과물, 소감문, 독후감 등으로 작성해 담당선생님께 제출해야 한다. 이는 자기주도성이 있는 학생으로 평가받을 수 있기 때문이다.

탐구보고서 들여다보기

탐구주제 선정하기

탐구주제를 선정할 때 너무 거창하게 정하면 주제에 맞지 않는 내용과 결론이 도출될 수 있고, 혹 학생 주도의 탐구활동이 아니라고 생각되면 신뢰성이 떨어질 수도 있다. 따라서 주변에서 쉽게 생각할 수 있는 친숙한 주제에서 찾아보자.

예를 들면 '학교 앞 상가를 활성화하기 위한 방법, 학교에 매점이 없어 불편한 문제를 해결하기 위한 대안, 학생들의 아르바이트 실태조사, 적당한 운동이 기억력을 높여주는가' 등의 일상생활에서 쉽게 접할 수 있는 주제가 좋다.

일상에는 다양한 탐구 소재들이 있다. 수업시간에 배운 과학 이론이 이해가 되지 않는다면, 프로그램을 활용해 그래프로 표현해보자. 훌륭한 탐구활동이 될 수 있다. 우리가 마시는 물에 미세플라스틱이 들어 있다고 하는데, 얼마만큼 들어있는지 조사해보자. 우리 주변에서 쉽게 접할 수 있는 것들이 그 자체로 좋은 탐구주제가 될 수 있다.

📍 탐구주제 선정 시 유의사항

① 주제를 해결할 수 있는 탐구 재료를 구할 수 있는가?

• 좋은 실험이라도 탐구 재료를 구하지 못한다면 좋은 결과를 얻을 수 없다.

② 관련된 선행 연구결과가 있는가?

• 선행 연구결과가 없다면 진행한 실험 결과가 맞는지 확인하기가 어렵다.

③ 자신의 흥미와 적성에 알맞은가?

• 탐구활동을 1주일 이내에 끝내긴 어렵다. 1달 또는 그보다 더 오랫동안 실험이 진행되는 편이다. 따라서 조사 과정이나 자료를 찾을 때 자신의 흥미와 적성에 잘 맞아야 끝까지 진행할 수 있다.

④ 탐구기간까지 완성할 수 있는가?

• 일반적으로 탐구기간 내에 실험을 완성하고 밤을 새워 보고서를 작성한 후 발표하게 된다. 발표 PPT는 탐구 발표일보다 1주일 전에 작업을 마무리하고 완성한다. 무엇보다 발표 연습을 할 수 있는 시간적 여유를 확보하기 위해서라도, 탐구 기간을 정해두고 탐구하는 게 중요하다.

📍 탐구계획 수립하기

① 탐구방법 결정하기

• 관찰 : 식물의 재배와 동물의 사육 등
• 실험 : 여러 가지 기구나 약품을 사용하는 실험
• 현장조사 : 수목원이나 식물원, 동물원 등을 견학
• 문헌조사 : 과학 전문서적, 논문 등을 조사

② 탐구계획 수립 시 유의사항

- 탐구계획에는 언제, 어디서, 무엇을, 어떻게 할 것인지 등 구체적인 시간계획을 포함한다.
- 탐구계획을 수립할 때 식물이나 동물의 생장기간, 생존기간 등을 미리 조사하여 계획을 수립한다.
- 탐구에서 얻은 자료를 제대로 기록하지 못해 결과를 제대로 얻을 수 없는 문제가 발생할 수도 있으므로 영상으로 촬영하고, 기록하는 사람을 별도로 정한다.
- 탐구한 내용을 확인할 수 있는 장비가 학교에 있거나 쉽게 구할 수 있는 것인지 파악해둔다.

🔍 탐구보고서 작성하기

① 탐구보고서 작성 시 유의사항

제목 선택이 가장 중요하다. 제목만 보고도 어떤 실험인지 파악할 수 있으며, 어떤 동기로 탐구하게 되었는지까지 확인이 가능하다.

예를 들어, [EM을 통해 향균작용]이라고 제목을 선정하면 왜 이런 주제를 정했는지, 무엇을 알고 싶은지 확인하기 힘들다. 이보다 좀 더 구체적으로 기록해야 한다. 예를 들면, 남학교에서 점심시간 후 축구를 열심히 하다 보니 땀 냄새로 수업시간에 집중도가 떨어짐. 이런 냄새를 제거하고 수업의 집중력을 높일 수 있는 물질 중 냄새제거 능력이 우수한 EM에 관심을 가지게 되었고 탐구하게 됨. [EM을 활용한 남자교실 땀 냄새제거 효능 탐구]라고 제목을 정하면, '동기'와 '제목'이 연계되어 효과적이다.

가설을 바탕으로 실험한 결과가 서로 일치하지 않을 경우, 실험 결과를 조작하여 결론을 도출해선 안 된다. 탐구활동의 결과가 자신이 예상한 것과 다르다고 결과를 조작하는 경우가 있다. 그런데 실험을 성공시키는 것이 중요한 게 아니라, 왜 결과와 일치하지 않는지, 그 이유를 찾는 활동이 더 좋은 탐구능력을 가진 학생으로 인정받을 수 있다.

예를 들어, 미백 치약과 일반 치약 중에서 미백 치약이 더 효과적이라고 생각하고 실험을 했지만, 별 차이가 없는 경우가 있다. 그럴 경우 일부러 더 효과가 좋은 사진을 활용하여 빨리 실험을 마무리하는 경우가 있는데, 이런 탐구는 아무런 의미가 없다. 오히려 실제 실험에서 미백 치약과 일반 치약의 효과가 큰 차이가 없다면 미백 성분에 대해 더 깊게 조사한다. 그러면 문제해결능력이 우수한 학생으로 평가받을 수 있다.

PPT 작성 및 발표

아무리 좋은 실험을 했더라도 발표 PPT를 제대로 만들지 못하거나, 매끄러운 발표를 하지 못한다면 좋은 평가를 받을 수 없다. 따라서 어떤 목적을 가지고 실험했는지, 효과적인 실험을 위해 변인을 어떻게 선정했는지 등에 대해 사진과 표를 넣어 보다 쉽게 전달하는 게 중요하다.

또한 실험 후 더 알고 싶은 것을 구체적으로 조사하는 게 중요하다. 발표 시 친구들뿐만 아니라 선생님도 동일한 궁금증을 가지고 질문을 하는 경우가 있는데 꼼꼼하게 준비했다면, 우수한 발표로 이어질 수 있다. 따라서 글보다는 사진과 표를 활용해 효과적으로 정보를 전달하고, 예상되는 질문을 사전에 조사하여 준비한다면 좋은 평가를 받을 수 있다.

※ PPT 작성을 위한 유의사항

- 탐구한 내용이 정확하게 전달될 수 있도록 전체적인 발표안을 구성한다.
- 슬라이드 개수가 너무 많거나 글이 많은 경우 내용이 제대로 전달되지 않을

수 있다.

- 탐구주제, 목적, 동기, 탐구방법, 탐구결과가 잘 나타날 수 있도록 핵심적인 내용만 포함시킨다.
- 탐구 결과는 사진과 표를 활용하여 결과의 내용이 쉽게 전달될 수 있도록 한다.

정보 검색하는 방법

① 논문을 활용한 정보 검색

NDSL(한국과학기술정보연구원)	https://www.ndsl.kr/index.do
RISS(한국교육학술정보원)	http://www.riss.or.kr/index.do
DBpia(누리미디어)	http://www.dbpia.co.kr/
KISS(한국학술정보)	https://kiss.kstudy.com/
earticle(학술교육원)	https://www.earticle.net/
구글 학술정보	https://scholar.google.co.kr/
네이버 학술정보	https://academic.naver.com/

② 주제별 데이터베이스를 활용한 정보 검색

신문기사 검색	http://www.ndsl.kr/index.do
법률정보 검색_국가법령정보센터	http://www.law.go.kr/
특허정보검색	http://www.kipris.or.kr/khome/main.jsp
연구자원 공유·활용 플랫폼	https://scienceon.kisti.re.kr/main/mainForm.do
통계정보검색_국가통계포털	http://kosis.kr/index/index.do

PART
2

탐구보고서
주제 찾기

탐구보고서 주제 찾기 노하우

교과서 지문 활용 사례

 국어 지문을 활용한 사례

건축토목계열	한철오 외, 독서 : 창의적 읽기 (편해문, 『놀이터, 위험해야 안전하다』) 우리나라의 놀이터 놀이기구를 발달단계로 나누어 조사하고, 학교나 집 주변 놀이기구의 문제점을 찾아 해결방안 제시
생물화장품계열	수행평가 고등학교 국어 문항 자료집 : 사회적 상호작용으로 모의 면접지 준비하기 자신의 진로를 위해 노력한 내용이나 미래 비전에 대한 내용을 스스로 면접지를 준비하고 답안을 작성한다. 친구의 진로에 맞게 면접지 작성
의학보건계열	한철오 외, 독서 : 책의 선택과 자발적 읽기 (최재천, 『과학자의 서재』) 생태학자 최재천 교수가 『사회생물학』과 『이기적 유전자』를 관심 있게 읽었다는 글을 읽고, 『사회생물학』과 『이기적 유전자』를 통해 유전자에 대해 조사
전기전자계열	한철오 외, 독서 : 창의적 읽기 (이종호, 『로봇은 인간을 지배할 수 있을까?』) 인공지능기술의 응용 및 한계를 조사하고, 자신의 진로에 인공지능이 어떠한 영향을 미칠지, 이에 대비해 우리는 어떠한 노력을 해야 할지 보고서 작성
컴퓨터SW계열	우한용 외, 국어 (문법, 화법) : 바른 언어생활 지침 만들기 인터넷 속 잘못된 언어 예절 및 친구들이 많이 쓰는 인터넷 용어 조사하기, 인터넷상 부적절한 언어를 바르게 표기하는 캠페인 진행
화학신소재계열	한철오 외, 독서 : 소통하는 독서 (박록진 외, 『지구인도 모르는 지구』) 책을 읽고 중심내용을 정리한 후, 온실가스 배출을 줄이기 위한 방안을 개인적 차원과 사회적 차원으로 나누어 조사
수학통계계열	수행평가 고등학교 국어 문항 자료집 : 진로준비를 위한 자기소개서 쓰기 자기 탐색을 통한 자기소개서 쓰기. 모둠별로 보완할 내용을 정리하여 피드백해주는 과정을 거쳐 자기소개서 완성

영어 지문을 활용한 사례

건축토목계열	• Changes Through Technology : 석면의 환경문제 조사하기, 친환경 건축자재 조사하기, 층간소음을 해결할 새로운 건축자재 조사하기 • Think Green, Act Green : 리사이클링 건축재료 조사하기, 업사이클링 건축 및 토목자재 조사하기 • The Cactus : 선인장 가습기 원리를 접목한 건축물 조사하기, 습도를 잘 조절하는 건축물 조사하기, 습도 조절이 잘 된 해인사 조사하기
생물화장품계열	• Eat Smart for a Healthier You : 식품 속 첨가물의 안전성 조사하기, GMO 식품의 안전성 조사하기, 비건 식품과 건강의 연관성 조사하기
의학보건계열	• Design Your Career : 의료 직업인 조사하기, 고령화시대 전문 간호사의 역할 조사하기, 바이러스 시대 의료인의 자질 조사하기, 효과적 질병 퇴치를 위한 의료기술 조사하기
전기전자계열	• Electromagnetic Wavelengths : 가시광선, 적외선, 자외선, 전자기파의 뜻을 알아보고 실생활의 활용도 조사하기
컴퓨터SW계열	• Humans and Technology : 미래 과학기술과 인간의 관계 조사하기, 인공지능 프로그램 설계의 안정성 조사하기, 인체 삽입형 컴퓨터의 도입 시기 조사하기
화학신소재계열	• Waste Radionuclides : 재활용을 이용한 방사능 물질 감소 방법 조사하기
수학통계계열	• Muhammad Yunus : Banker for the Poor : 빈민을 위한 필요 서비스 조사하기, 현재 적용된 적정기술 조사하기, 활용 가능한 적정기술 조사하기

 수학 지문을 활용한 사례

건축토목계열	• 기하 : 고대 건축물의 비례와 숫자 조사하기, 건축관과 기하학의 변화 및 자연과 공존하는 건축물 조사하기 • 미적분 : 『도시는 무엇으로 사는가』 공간의 속도를 건축가의 합리적 공식으로 정량적 계산 과정을 설명하고 이벤트 밀도로 지역사회 조사하기
생물화장품계열	• 지수함수 : 미생물의 증식 그래프 모형 조사하기, 세대를 거듭해도 인구가 계속 증가하지 않은 이유 조사하기
의학보건계열	• 미적분 : 적분을 이용한 의학기술 중 CT촬영에 사용되는 원리 조사(돔 모양의 기계에 들어가 단면영상이 3차원으로 재구성되는 원리)
전기전자계열	• 미적분 : 로켓을 발사 후, 지상에서 로켓까지의 거리를 구하는 방법 정리

컴퓨터SW계열	• 기하 : 내비게이션 '0', '1' 두 개의 수를 이용한 고속 컴퓨터 탑재 및 인공위성 전파와 인공위성이 사용하는 구면 방정식 조사
화학신소재계열	• 로그함수 : 반감기 이용, 방사성동위원소를 확인할 수 있는 방법 조사하기
수학통계계열	• 확률과 통계 : 빅데이터를 이용한 온라인 쇼핑, 추천 상품의 동일여부 분석 조사

항공박물관 견학 후 항공기 수학교과에 적용하기

과목	관련부분	탐구할 내용
확률과 통계	조건부 확률	단발엔진과 쌍발엔진
	확률의 계산	항공기의 안정성 평가
수학II	로그함수	항공기 소음 강도 표현
기하와 벡터	이차곡선	이차곡선과 항공기 곡면 설계의 비밀
	벡터	항공기 물리량에의 적용
	공간도형	위성항법장치
미적분	삼각함수	비행시험용 안테나 전파수신 가능영역 해석
	미분	항공기의 곡면 설계
	부정적분	항공기의 비행궤적 계산
	구분구적분	항공기의 표면적 및 체적 계산
	정적분	항공기의 항공거리 계산

🔍 사회 지문을 활용한 사례

건축토목계열	• 자연에 대한 인간의 다양한 관점 : 생태도시의 모범적인 사례 조사하기, 자연을 모방한 기술 조사하기 • 산업화와 도시화에 따른 문제점과 해결방안 : 지능정보시대에 맞는 도시계획 조사하기, 도시화로 인한 열섬효과 조사하기, 바람길을 변경하는 건물배치 조사하기
생물화장품계열	• 과학기술과 윤리 : 화장품 개발을 위한 동물실험 필요 여부 조사하기, 동물실험 없는 화장품 제조법 조사하기 • 환경문제에 대한 윤리적 고려 : 환경을 생각한 과학기술 발전 방안 조사하기, 화장품 성분 조사하기, 친환경 화장품 용기 개발 조사하기

의학보건계열	• 저출산과 고령화 문제와 그 해결방안 : 출산율 상승 방안 조사하기, 고령화 성인병 조사하기, 건강한 노년을 위한 의료기술 조사하기 • 환경문제 해결을 위한 노력 : 환경문제와 질병 발병률 연관성 조사하기, 미세먼지 및 미세플라스틱으로 인한 질병발생 과정 조사하기 • 성과 사랑의 윤리 : 청소년 건강한 성문화 조사하기, 청소년 성인지 조사하기
전기전자계열	• 정보사회와 윤리 : IoT시대 정보보안 향상 방법 조사하기, 무선충전 시스템 조사하기 • 정보화에 어떻게 대응할까 : 5G 통신 안전성 확보 방법 조사하기
컴퓨터SW계열	• 자산관리와 금융 생활 설계 : 인공지능 자산관리 서비스 조사하기, 블록체인 기술의 자산관리 방법 조사하기 • 정보화로 인한 사회변화 : 개인정보 보호 방법 조사하기, 양자암호체계 미도입 이유 조사하기
화학신소재계열	• 세계의 자원분포와 소비 실태 : 금보다 가치 있는 자원 조사하기, 희토류의 필요와 활용 조사하기, 희토류 중 우리나라에 많이 있는 자원 조사하기 • 자원과 지속가능한 발전 : 지속가능 발전을 위한 에너지 조사하기, 수소 연료전지 개발 이유 조사하기 • 전 지구적 수준의 문제에는 어떤 것이 있을까? : 환경오염 감소 방안 조사하기, 재활용이 가장 많은 자원 조사하기
수학통계계열	• 지구촌의 윤리적 상황과 과제 : 난민 수용에 따른 국가 인적자원 효과 조사하기, 국경 없는 의사회 역할 조사하기, NGO단체 모금액 관리·감독 기술 조사하기 • 근로자의 권리 : 유연근로시간제 도입에 따른 장단점 조사하기, 긱 경제로 인한 노동자를 사업자로 봐야 하는가 조사하기, 외국노동자 권리를 위한 고용주 교육의 필요성 조사하기 등

 과학 지문을 활용한 사례

건축토목계열	• 화산과 지진 : 지진에 의한 핵발전소 안전성 조사하기, 건설의 내진 설계 효과 조사하기, 후쿠시마 원자력발전소 폭발 사건 조사하기
생물화장품계열	• 신경계의 구조와 기능 : 신경세포의 재생 여부 조사하기, 말초신경 재생 이유 조사하기, 중추신경 마비 후 운동 활성화 방법 조사하기 • 사람의 유전현상 : 유전자검사를 통한 맞춤형 화장품 조사하기, 환자 맞춤형 화장품 및 치료제 개발 방법 조사하기
의학보건계열	• 질병과 병원체 : 슈퍼박테리아 발생 원인 조사하기, 새로운 항생제 개발 방법 조사하기 • 항상성 유지 : 호르몬의 거짓반응 문제점 조사하기, 호르몬 대체 방법 조사하기

전기전자계열	• 미래 친환경 에너지 : 핵발전소 폐기 원인 조사하기, 효과적인 신재생에너지 조사하기
컴퓨터SW계열	• 공유결합 : 실리콘보다 안전한 반도체 소재 조사하기, 탄소나노튜브의 반도체 사용 이유 조사하기
화학신소재계열	• 산과 염기 : 반도체 세척용액 불산의 위험성 조사하기, 강산과 약산의 기준 및 한계점 조사하기, 산성 식품의 안전성 조사하기 • 세포와 세포분열, 유전 : 오류 유전자 복구 방안 조사하기, 유전자 편집 인간 조사하기, 한국형 게놈프로젝트 사업의 필요성 조사하기
수학통계계열	• 지구과학 행성 : 고대 그리스 천문학자들의 별 관측법 정리하기, 그때 사용한 삼각법의 초기 공식과 삼각함수표 조사하기

항공박물관 견학 후 항공기 과학교과에 적용하기

과목	관련부분	탐구할 내용
물리	힘과 평형	항공기의 힘과 평형 및 조종원리
	운동량과 충격량	항공기 조류 충돌 해석
	베르누이 정리	Magnus 효과와 항공기 양력발생의 원리
화학	화학반응	케미컬밀링
		금속의 반응성
		저산소증과 산소공급

신문 기사 활용 사례

불법 용도 변경 및 불법 방 쪼개기_중앙일보(건축·토목계열)

• 멋진 대학 생활을 꿈꾸면서 대학 주위의 원룸이나 기숙사를 찾아보는 게 취미생활이었다. 하루는 대학가 원룸 방 쪼개기 기사를 보고 불법 건축물에 대해 관심을 갖게 되었다. 불법건축물과 위법건축물의 차이를 조사하고, 실례를 지역사회에서 찾았다. 이런 불법(위법) 건축물에 대한 행정제재와 처벌도 같이 조사하였다. 그리고 보고서 발표 시 법원에서 직접 조치한 내용을 첨부

하였다.

- 다가구·다세대 주택의 방 쪼개기 구조를 조사한다. 처음부터 불법으로 방 쪼개기를 할 목적으로 설계를 한 곳도 있다. 고등학생이나 대학생들이 주로 이용하는 고시원이 교도소보다 작다는 사실을 제시하면 흥미롭다.

발효화장품에 주목하는 이유_조선일보(생물·화장품계열)

- 피부세포의 간격은 70~80nm 크기로 화장품 성분이 이 틈 속으로 스며들어야 하는데 기존 화장품은 이보다 입자가 크다. 따라서 새로운 기술 개발이 필요하여 리포좀, 나노입자처럼 미세한 전달체를 개발하고 있다. 그중에서 발효화장품은 80nm 이하이면서 피부 흡수율을 높일 수 있다고 하는데 그 이유를 탐구주제 사례로 정할 수 있다.
- 화장품에 독성화학물질, 중금속 등이 들어있어 사람들에게 피부 트러블을 일으키게 한다. 발효화장품이 독성물질을 발효해 안전물질로 변화시키거나 제거하여, 중금속을 배출하는 능력이 우수하다는 점도 탐구주제 사례가 될 수 있다.

혈압과 혈당 조절 치매 예방에 기여한다_의학신문(의학·보건계열)

- 고혈압, 고혈당, 복부비만, 고중성 지방혈증, 낮은 고밀도콜레스테롤 중 3가지 이상의 요소를 가지면 대사증후군이라고 한다. 그러나 같은 대사증후군이라도 어떤 질환이 있는지에 따라 그 증후가 달라진다. 그 이유를 탐구주제 사례로 정할 수 있다.
- 고혈압은 치매 발생 위험이 16% 증가하고, 고혈당이 지속되면 치매 위험이 27% 증가한다. 건강한 식단과 충분한 운동이 고혈압과 고혈당에 어떤 영향을 주는지 알아보는 것도 탐구주제가 될 수 있다.

전기 자동차와 수소 자동차의 대결_오토타임즈 (전기·전자계열)

- 미래 자동차로 상용화될 전기차와 수소자동차의 특징과 장단점에 대해 조사하여 비교 분석한다. 전기차와 수소차의 판매량과 가격대비 효율성을 조사하고, 구매 고객들의 만족도를 조사하는 것도 좋다. 그리고 앞으로 보완해야 할 점도 시사하면 효과적이다.

- 전기차와 수소차의 원리에 대해 정리 분석한다. 그리고 일반 자동차의 차이점을 찾아본다. 사람들이 여러 장점을 가진 전기차와 수소차보다 일반 자동차를 구매하는 이유도 생각해보면 좋다.

디에스랩글로벌, 쉬운 인공지능 개발도구 클릭AI_데이터넷 (컴퓨터·SW계열)

- 클릭 AI는 데이터 과학자가 없거나 통계적 지식이 없어도 클릭만으로 딥러닝 기반 AI를 만들 수 있는 AI 개발 자동화 솔루션이다. AI를 학습할 데이터를 업로드한 후 클릭 몇 번만으로 최대 100여 개의 딥러닝 기반 AI를 학습하고 생성된 모델을 정확도 순으로 출력한다. 생성된 모델 중 가장 최적의 모델을 선택해 바로 AI 예측·분석을 시작할 수 있다. 분석 결과는 어려운 통계 용어 대신 시각화된 자료로 출력돼 누구나 쉽게 이해할 수 있다. 직접 사용해 보면서 지금까지 나온 프로그램과 비교해 본다.

- 인공지능의 발달로 코딩 없이도 가능한 프로그램들을 소개하고, 동아리 부스 운영을 하거나 학교 정보 학생들과 같이 경험한 결과를 보고서로 제출한다.

1. Sketch2Code : 그림을 분석해 프론트엔드 코드로 변환해주는 기술
2. Machine Reading Comprehension : 글을 이해하고 질문에 대한 답을 찾아주는 기술
3. Microsoft Math : 수식을 이해하고 풀이 과정과 정답을 알려주는 기술

4. Pix2Story : 이미지를 바탕으로 여러 장르의 소설을 만들어내는 기술

5. Celebs Like Me : 사진과 닮은 연예인을 찾아주는 기술

충전 빠르고 수명 긴 음극재 개발_전자신문 (화학·신소재계열)

- 2차 전지의 음극재로 흑연을 사용했는데 충전, 방전속도가 떨어지고 수명이 짧은 단점이 발견되었다. 이를 보완하기 위해 풀러렌과 글로벌 모양의 헥사벤 조코로넨이라는 물질을 결합한 공경정체를 사용하면, 제조단가도 낮추면서 충전시간도 단축할 수 있다. 이것이 탐구주제 사례가 될 수 있다.

- 2차 전지에 사용되는 리튬전지는 동일한 질량일 때 많은 원자의 몰수를 가져 에너지 밀도가 높다. 그래서 많은 곳에서 2차 전지로 사용하고 있는데, 리튬의 가격이 지속적으로 상승한다는 게 문제다. 그래서 재료를 저렴하게 구할 수 있으면서 충전에도 효과적인 재료로 나트륨전지를 개발하고 있다. 이 내용도 탐구주제가 될 수 있다.

학회지, 수학·과학잡지 활용 사례

전통 한옥과 새로운 라이프 스타일로 재조명된 현대 한옥 (토목·건축계열)

- 한옥마을에 가면 보존이 잘 되어있다. 무엇보다 현대 건축자재로 전통한옥의 단점을 극복한 한옥들도 있다. 그래서 과거 한옥의 장단점을 분석하고, 보완하여 현대 한옥이 어떻게 재조명되는지 궁금하여 이 주제를 선정했다. 전통한옥의 미적인 부분을 보완할 방법과 건축법상의 문제점까지 폭넓은 문제를 시사하고, 현대 한옥의 단점을 보완하고 장점을 살려, 소통 단절과 우울증을 겪는 현대인들에게 힐링 공간으로서 역할을 시사했다.

식품알레르기 및 아토피 피부염에서 마이크로바이옴 연구 (생물·화장품계열)

- 음식 알레르기와 아토피성 피부염의 최적의 치료방식은 거의 알려지지 않았다. 장내 미생물 군집 중 유익균은 장내 환경뿐만 아니라 알레르기 질환의 발병을 조절한다. 따라서 동물연구를 통해 장내 미생물총이 식품알레르기와 상호 작용을 알아보기 위해 예측 바이오마커로 확인하여 프로바이오틱스 치료제를 찾아 그 영향을 알아보는 실험을 하였다는 논문이 발표되었다. 이를 통해 마이크로바이옴의 또 다른 효능에 대해 탐구주제를 선정할 수 있다.

가상현실 인지재활훈련이 치매노인의 인지 및 신체기능과 우울에 미치는 영향 (의학·보건계열)

- 초기 치매환자는 기억력이 저하되는 특징이 있는데 인지기능을 강화할 수 있는 프로그램을 적용하면 치매를 늦추는 등 긍정적인 효과를 얻을 수 있다. 운동치료는 치매 환자의 신체기능 개선과 인지기능에 효과가 있다. 운동은 성인병이나 뇌졸중의 예방과 진행 억제에 도움이 되며 근력, 유연성 및 신체 균형을 개선시키고 낙상 및 골절 등과 같은 합병증을 예방하는 효과를 기대할 수 있다.
  가상현실은 비디오 캡쳐 시스템(video capture system)을 적용하여 스크린에 환자의 모습이 표현되고 화면을 통해 효과적으로 움직임을 조절할 수 있다. 기존 치료 방법보다 효과가 좋아 치매환자에게 이를 접목해 환자를 돕고 있다. 가상현실로 치료가 가능한 질병을 알아보는 것이 탐구주제가 될 수 있다.

날 수 있을 만큼 가벼운 연료전지 나온다 (전기·전자계열)

- 드론을 직접 제작하여 비행을 할 때 배터리가 오래 가지 못해 실험을 제대로 못 한 적이 있었다. 그래서 전기의 개수를 늘리고, 태양열 전지판을 만들기도

했다. 다양한 실험 후 가벼운 배터리가 필요하다는 결론을 내렸다. 최근 만들어진 수소연료 전지는 산소만 공급하면 계속 에너지를 쓸 수 있다.

최근 안정적으로 전기를 발생시키려면 부피와 무게가 큰 가습장치가 필요하다. 하지만 전극에서 수소와 산소가 결합해 만들어진 수분이 외부로 배출되지 않고 다시 흡수되는 연료전지를 개발했다. 이 내용을 과학 잡지에서 확인하고, 지금까지 발전된 연료전지와 최근 발전하고 있는 연료전지, 그리고 앞으로 필요한 친환경 연료전지에 대해 알아보았다.

찌푸린 얼굴 보고 "화났군요" 감정까지 인식하는 AI (컴퓨터·SW계열)

- 영화 속에서 보던 얼굴인식이 이제는 휴대폰, 현관문, 기업체 출퇴근 시스템에도 적용되고 있다. 최근에는 얼굴을 보고 감정까지 인식할 수 있는 프로그램이 연구되어, 처음에 저장한 이미지와 다른 모습일 때도 인식이 가능한지에 대한 실험을 설계했다.

  그리고 AI는 단순히 이미지로 판별하기 때문에 자율주행차의 경우 '공사중'이라는 표지를 보고는 다른 길을 찾거나 서게 되는데 이런 것들을 악용하는 문제도 제기되고 있다. 그래서 현재 얼굴 인식 프로그램의 발달과 모습을 변화시켰을 때 반응하는 정도, 그리고 현재 야기되는 문제점에 대해 탐구하고자 한다.

플렉시블 OLED 디스플레이 기판을 위한 투명 폴리이미드 필름의 제조 및 특성 평가 (화학·신소재계열)

- 플렉시블 디스플레이는 기존의 유리 기반형 디스플레이에 비해서 박형 (thinner) 및 경량(lighter)으로 충격에 강하며 휴대가 간편하다. 플렉시블 디스플레이 구현을 위해 가장 적합한 소재로 플라스틱 기판이 다른 소재보다 가볍고 가공이 용이하다. 많은 플라스틱 기판 중 PI(Polyimide) 기판이 내화학

성, 내열성뿐만 아니라 전기전도성이 우수한데 광투과성 제약이 있다. 광투과성을 높일 수 있는 방법과 PI를 대체할 수 있는 다른 소재를 찾아보는 게 탐구주제가 될 수 있다.

탐구보고서 목차 정하기

※ 학회지나 수학 및 과학잡지를 활용한 사례를 목차로 작성한다면 다음과 같이 작성할 수 있다.

건축·토목계열

📍 전통 한옥의 단점을 보완한 현대 한옥의 형태 조사

생물·화장품계열

 식품알레르기 및 아토피피부염에서 마이크로바이옴 연구

의학·보건계열

 가상현실 인지재활훈련이 치매노인의 인지 및 신체기능과 우울에 미치는 영향

전기·전자계열

 NPN 트랜지스터와 PNP 트랜지스터의 관계

컴퓨터·SW계열

 청소년 인터넷 게임 문화의 장단점 분석

목차

화학·신소재계열

 플렉시블 OLED 디스플레이 기판을 위한 투명 폴리이미드 필름의 제조 및 특성 평가

PART
3

•
•
•

탐구보고서
작성 사례

장기 프로젝트

건축·토목계열

📍 제목 : 방파제 모형에 따른 해파의 피해 비교와 최소화 방안에 대한 고찰

초록

　현재 모형의 방파제는 효과적으로 파도를 상쇄시키지만 안전상의 문제가 있었다. 안정상의 문제를 해결하고자 이 실험을 진행하였다. 유리 수조에서 방파

제의 재료나 모형에 따른 물결파의 세기를 넘어진 막대의 개수를 통해 측정하였다. 실제 바다에서 측정하기에는 고등학생 수준에서는 어려우므로 축소된 환경을 통해 쉽게 측정하였다. 수면에 뜨는 방파제, 기존의 방파제, 기둥 방파제, 방파제 없을 때 순으로 물결파의 세기 상쇄 효과가 좋았다.

I. 서론

I-1 연구의 필요와 목적

지구온난화가 가속화됨에 따라 나타나는 기후변화, 자연재해는 경제, 사회적으로 많은 영향을 미치고 있다. 우리나라의 최근 10년(1995~2005년)간 연강수량은 평균(1971~2,000년) 대비 약 10% 증가하였고 태풍, 게릴라성 집중호우로 인한 피해액이 매10년 단위로 3.2배가 증가하였다.(국무총리실, 2008 : 7)

여름철 평균 강수량의 증가, 최근 들어 집중호우의 증가와 같은 기상 이변들이 나타나고 있다. 게다가 우리나라는 태풍이 빈번하게 통과하는 곳으로 폭풍해일, 너울성 파도에 의한 피해가 늘어나고 있는데, 여름철 무더운 날씨로 많은 사람들이 바다를 찾음에 따라 인명피해도 증가하고 있다.

최근 너울성 파도로 인해 레일바이크 선로 유실, 해변 및 건물 침식, 어구류 파손 등으로 65억 원가량의 경제적 피해와 최근 6년간 사망 19명, 실종 4명의 인명 피해가 발생하였다. 특히, 너울성 파도에 의한 인명피해 대부분이 방파제 및 갯바위 등에서 발생하고 있음을 염두에 두어야 한다. 방파제는 파도 및 강풍 등의 피해를 1차적으로 감소해 주는 구조물일 뿐, 더 이상 안전지대가 아님을 명심해야 한다.

기존 방파제의 원리, 모형에 따른 피해 감소량 등을 비교하여 피해를 가장 최소화할 수 있는 모형을 알고 만들어 보고자 실험을 하였다.

II. 본론

II-1 기본개념 및 이론적 배경

해파(海波, sea wave)란 해양에서 일어나는 파동운동으로서 해수의 상태변화가 주위에 물결모양으로 전해져 가는 현상을 말하며, 해수 자체가 이동해 가는 것은 아니고 단지 파동에너지가 전달될 뿐이다.

파장과 수심의 비에 따라 천해파는 수심이 파장의 1/20보다 얕을 때의 해파를 말하며 장파라고 부르기도 한다.

심해파는 수심이 파장의 1/2보다 깊은 바다에서의 파동을 말한다. 해면을 따라 전달되므로 표면파라고 부르기도 한다.

● **해파의 속도 영향 인자**

조석 : 밀물(만조)과 썰물(간조)

− 간만의 차(0.2m~8m), 지구 자전 영향

심해파의 전파속도 : 파장에 비례하지만, 수심과는 무관하다.

천해파의 전파속도 : 수심에 관계되고 파장에 무관하다.

바람 : 평균풍속 〉파도의 이동속도

● 방파제의 정의

방파제란 파도로부터 항만 내부를 보호하기 위해 항만 외곽에 쌓은 둑을 말한다. 현재 보편화된 방파제의 모형은 테트라포트이다.

테트라포트란 4개의 뿔 모양을 가진 콘크리트 구조물로서 파도의 힘을 소멸시키거나 감소시키기 위해 사용하며, 그 무게는 5t에서부터 큰 것은 100t 이상 되는 것도 있다. 제일 안정적인 구조를 하고 있다.

● 파동

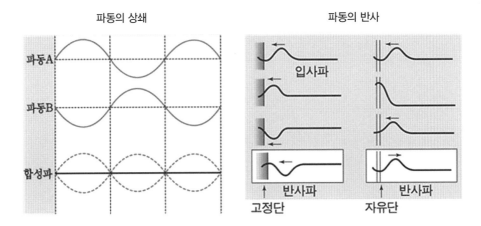

상쇄 간섭은 두 파동의 위상이 반대일 경우로 마루와 골 또는 골과 마루가 중첩되어 합성파의 진폭이 최소가 되는 경우이다. 보강 간섭은 명암이 주기적으로 반복되고 상쇄 간섭은 명암 변화가 없다.

고정단 반사에서는, 한쪽 끝이 고정된 파동이 진행할 때 고정된 끝에서 반사되는 파는 뒤집어져(위상이 반대가 되어) 반사된다.

자유단 반사에서는, 끝이 자유롭게 움직일 수 있는 파동이 진행할 때, 줄 끝에서 반사되는 파는 위상의 변화 없이 그대로 반사된다.

파동반사 시, 파동의 일부는 반사되고 일부는 투과해 나아간다. 이때 반사되는 파를 반사파, 투과되어 나아가는 파를 투과파라고 한다.

투과파의 위상은 어느 경우든지 변하지 않는다.

충격량 : $\vec{F} \cdot \triangle t = \triangle \vec{p}$

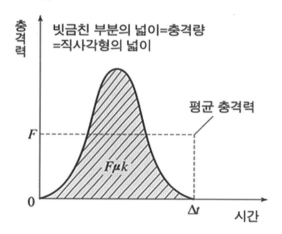

물체의 운동량에 변화를 주는 물리량으로써, 힘과 힘이 작용한 시간의 곱을 충격량이라고 한다. 즉, 충격량은 운동량의 변화량과 같다.

충격을 주는 힘이 클수록 충격의 양이 크다. 충격을 받고 있는 시간이 길수록 충격량이 크다.

II-2 실험 설계

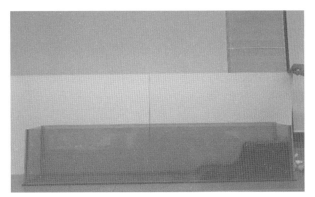

가로 150cm, 세로 20cm, 높이 30cm의 유리 수조

운동장 흙 – 바다의 바닥을 표현하기 위해 흙을 경사지게 하여 굳혔다.

나무 막대가 쓰러짐으로써 물결파의 에너지 세기의 지표가 된다.

● 방파제가 존재하지 않을 때

나무 막대를 물이 없는 흙 표면에 고정시킨 후 유리 수조의 폭에 맞는 판을
유리 수조에 표시해 둔 거리만큼 일정하게 움직여서 물결파를 발생시킨다.

횟수	1	2	3	4	5
남은 막대 개수	1	2	1	1	0

● **기존의 방파제가 존재할 때**

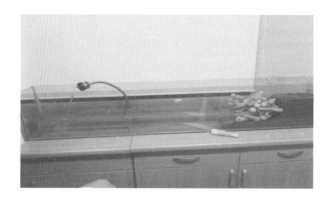

　　기존의 방파제 모형을 실제 바다와 흡사하게 배치한다. 나무 막대를 물이 없는 흙 표면에 고정시킨 후 유리 수조의 폭에 맞는 판을 유리 수조에 표시해 둔 거리만큼 일정하게 움직여서 물결파를 발생시킨다.

횟수	1	2	3	4	5
남은 막대 개수	5	8	6	8	7

- ● 물에 떠있는 스펀지 방파제

  기존의 방파제 모형과 다른 스펀지 방파제를 바닥에 실로 고정하여 물에 뜨게 실제 바다와 흡사하게 배치한다. 나무 막대를 물이 없는 흙 표면에 고정시킨 후 유리 수조의 폭에 맞는 판을 유리 수조에 표시해 둔 거리만큼 일정하게 움직여서 물결파를 발생시킨다.

횟수	1	2	3	4	5
남은 막대 개수	9	11	8	9	7

- ● 기둥 방파제

  기존의 방파제 모형과 다른 기둥 형태의 방파제를 바닥에 고정하여 실제 바다와 흡사하게 배치한다. 나무 막대를 물이 없는 흙 표면에 고정시킨 후 유리 수조의 폭에 맞는 판을 유리 수조에 표시해 둔 거리만큼 일정하게 움직여서 물결파를 발생시킨다.

횟수	1	2	3	4	5
남은 막대 개수	4	3	2	3	1

II-3. 실험결과

	남은 횟수 평균
방파제X	2
기존 방파제	6.8
수면에 뜨는 방파제	8.8
기둥 방파제	2.6

수면에 뜨는 방파제 – 기존 방파제 – 기둥 방파제 – 방파제 없을 때 순으로 방파제로써의 효과가 좋았다. 기둥 방파제는 방파제가 없을 때와 같이 효과가 좋지 않았다.

III. 논의 및 결론

III-1. 논의

본 실험에서는 현재 널리 이용되고 있는 테트라포트 구조를 하고 있는 방파제로 인한 미끄럼 사고 등을 줄여보고자 다른 형태의 방파제를 고찰하였다. 그 결과 물결파를 상쇄시킨다는 방파제의 역할을 수행할 수 있으면 어떠한 구조라도 좋다는 결론을 얻었다. 자연 재해 중 하나인 파도에 대해서 효과적으로 피해를 최소화 할 수 있고, 기존 방파제에서의 사고를 줄여보고자 함을 고찰하였다.

현재의 테트라포트 구조의 방파제의 성능은 뛰어나나 사고의 위험이 크다. 그래서 고안해낸 물에 떠 있는 방파제의 성능은 실험 결과 테트라포트 구조의 방파제보다 효과적이었다. 기존의 방파제와는 다르게 사람이 물에 빠지는 등의 사고를 최소화할 수 있을 것이라 생각된다.

천해파의 속력이 수심의 깊이가 증가함에 따라 속도도 증가하여 파동의 중첩의 원리와 함께 수심이 얕은 바닷가에서 파고가 높아짐을 실험식(천해파의 속도 공식 $V = \sqrt{gh}$)과 실험을 통해 알 수 있다.

파동의 성질 중 파동의 상쇄, 반사에 대해 알 수 있다.

III-2. 실험의 한계

이 실험의 한계로는 바다 환경을 작은 공간에서 만들어 실험을 진행하였기에 실험 결과에 있어서 자연적 요인들이 많이 제외되었을 것이다. 또한 바다 환경을 만들기 위해 흙을 굳힌 벽들은 여러 차례 실험을 반복할 때마다 변형이 왔기 때문에 이 또한 실험 결과에 영향을 미쳤을 것이다.

실제 바다에서 확대한 물에 뜨는 방파제의 실효성을 검증하는 실험 또한 본 실험을 취하면 될 것이다.

Ⅳ.부록

Ⅳ-1 참고 문헌

① Hydraulic Experiments for Stability of Rubble-Mound Breakwater Protected by Submerged Breakwater, 박승현, 한양대학교 대학원, [2007] [국내석사]

② Investigation of wave force reduction for obliquely incident waves on breakwaters considering wave diffraction : use of mild-slope equations and analytical method, 나유리, 세종대학교 대학원, [2015] [국내석사]

③ THE INTERACTION OF VERTICAL FLEXIBLE-MEMBRANE BREAKWATERS WITH WAVES, 기성태, Texas A&M University, [1996] [해외박사]

④ Analysis of Wave Fields of Porous breakwater Using the Numerical Wave Channel, 金魯國, 韓國海洋大學校, [2002] [국내석사]

⑤ 고정식과 부유식 방파제의 특성 분석 및 적합성 연구 = A Study On The Fixed And Floating Type Breakwater Characteristic, 曺圭楠, (産業技術, Vol.14 No.- [2004])

⑥ 방파제 설계기법의 종합검토 = Comprehensive Study of Design Techniques of Breakwater, 정평수, 亞洲大學校 産業大學院, [2003] [국내석사]

● 탐구보고서 작성 동기

평소 호기심이 많아 궁금한 점이 생기면 이에 대해 고민하면서 직접 탐구해 보는 것을 즐겨 했다. 특히 고등학교에서 다양한 탐구대회에 참가하면서 평소 궁금한 점을 해결하는 데 큰 도움을 받았다. 그러던 중 바다로 가족여행을 갔는데 위험하게 생긴 테트라포드 구조의 방파제를 보고 위험하지 않으면서도 파도의 피해를 줄일 수 있는 방법은 없는지 탐구해보고자 제안하였다.

● 탐구보고서 작성 과정

테트라포트 구조의 방파제를 보고 '왜 하필 저런 구조일까?', '저 구조가 정말 파도를 줄일 수 있을까?', '더 안전하고 좋은 구조는 없을까?'라는 궁금증을 가지게 되었다. 그래서 관련 자료를 찾아보았는데 명확한 해답을 얻지 못했다. 그래서 '방파제 모형에 따른 해파의 피해 비교와 최소화 방안'을 주제로 팀을 구성하여 과제연구를 진행하였다.

테트라포트 구조 방파제의 가장 큰 문제점은 안전성이 낮다는 것이다. 매년 인명사고가 발생하고 있으며, 파도로 인한 연쇄적인 사고가 일어난다. 이러한 문제점을 해결할 방파제를 직접 고안해보고 싶어 팀원들과 함께 의견을 공유하며 이중 커튼식, 물에 뜨는 스티로폼식, 다공성 구조를 가진 스펀지식 등 다양한 실험방법을 정할 수 있었다. 1.5m짜리 수조에 간이 해안가를 만든 후, 일정한 힘을 가하여 파도를 발생시켜 보면서 각각의 방파제가 해파를 감소시키는 정도를 확인하였더니 물을 흡수해 수류를 감소시키는 스펀지 방파제가 막대를 이용해 제작한 테트라포트 구조 방파제보다 더 효과가 좋다는 것을 증명했다.

● 탐구보고서 작성 후 배운 점

직접 흥미를 느낀 주제로 보고서를 작성하니 더 적극적으로 탐구에 임할 수 있었다. 해양대지와 사슬로 연결한 스펀지 방파제는 기존 방파제의 구조적 위험성을 최소로 줄이고 넓은 표면적으로 파도의 세기를 쉽게 막는다는 점을 발전시켰다. 그러나 바람과 우천 등 다양한 자연적 요소를 고려하지 못했다는 점에서 아쉬움이 남았다. 부족한 점이 있었지만 탐구활동이 대학교에서 진행되는 팀 프로젝트에도 많은 도움을 주었다. 또한 직접 팀원들을 모아 주장을 설득시키고 피드백받는 과정들을 통해 리더십도 기를 수 있었다.

제목 : 실험을 통한 파스칼 원리 고찰

초록

　파스칼 원리는 비압축성 유체 표면에 가한 압력은 유체의 모든 지점에 같은 크기로 전달되는 것을 의미한다. 이런 원리가 적용된 유압 장치는 작은 힘으로도 큰 힘을 낼 수 있는 이점이 있기 때문에 실생활에서도 유용하게 활용된다. 주사기를 이용하여 유압 장치를 만들고 실험을 통해 이론과 실제에 어떤 차이가 있는지 알아보도록 한다.

Ⅰ. 서론

1. 탐구계기
　물리 수업을 통해 파스칼 원리를 배우게 되었는데, 이 원리는 작은 힘으로도 큰 힘을 낼 수 있음을 의미하여 실생활에 많이 적용된다. 앞서 학술제에서 '함수로 나타낸 영역의 무게중심' 탐구를 진행하면서 지레의 원리를 다루었는데, 지레의 원리가 거리가 늘어나 힘의 이득을 보는 것처럼 파스칼의 원리도 힘의 이득을 볼 수 있는 것이었다. 그러나 이는 이론적으로 얻어진 원리이고, 실제로는 다른 요인에 의해 차이가 발생할 것으로 판단하였다. 이번 탐구를 통해 이론과 실제에는 어떤 차이가 있는지 알아보기로 하였다.

2. 탐구방향
1) 실험을 진행하기에 앞서 이론적 배경을 조사해본다.
2) 실험 장비를 구비하여 파스칼 원리를 알아볼 수 있는 실험을 진행해본다.

3) 실험 결과를 분석하여 더 궁금한 점을 탐구해보도록 한다.

II. 본론

1. 이론적 배경

가. 압력

압력이란 단위 면적당 수직으로 작용하는 힘을 의미한다. 이를 수식으로 나타내면 다음과 같다.

〈그림 1〉 유체의 압력

$$P = \frac{F}{A}$$

여기서 P는 압력, F는 수직으로 작용하는 힘, A는 힘을 받고 있는 면적을 의미한다. 압력의 단위는 Pa로 나타내고 '파스칼'이라고 읽는다. 정의에서 알 수 있듯이 압력은 수직으로 작용하는 힘을 면적으로 나눈 값이므로 $1Pa = 1N/m^2$ 이다. 여기서 N과 m^2은 각각 힘과 면적의 단위이다. 또한 $1000Pa = 1kPa$ 로 나타낸다. 이번 탐구에서는 그림1과 같이 유체의 압력을 주로 다룰 것이다.

나. 파스칼 원리

파스칼 원리는 비압축성 유체에서 압력이 가해질 때 유체의 모든 지점에 같은 크기의 압력이 전달된다는 것이다. 이는 프랑스의 수학자이자 물리학자인 파스칼이 발견하였다.

이 원리를 〈그림 2〉와 같은 유압 장치에 적용하면 작은 힘으로도 큰 힘을 낼

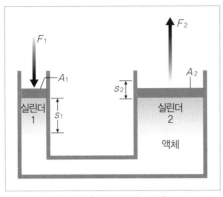

〈그림 2〉 유압 장치(교과서)

수 있음을 쉽게 알 수 있다. 앞서 다루었듯이 압력은 단위 면적당 수직으로 작용하는 힘을 의미하므로 〈그림 2〉에서 실린더 1의 피스톤에 F_1의 힘을 작용하면 실린더 1의 피스톤이 유체에 작용하는 압력은 $P = \dfrac{F_1}{A_1}$이 된다. 파스칼 원리에 의해 압력은 유체 내의 어디서나 같으므로 압력 $P = \dfrac{F_1}{A_1}$은 실린더 2의 단면적 모든 부분에 작용하게 된다. 즉, $P = \dfrac{F_1}{A_1} = \dfrac{F_2}{A_2}$에서 $F_2 = \dfrac{A_2}{A_1} F_1$이다.

따라서 $A_2 > A_1$이면 $F_2 > F_1$이다. 지레에서는 작용점에서 받침점까지 떨어진 거리의 비에 해당하는 만큼 힘이 증가했던 반면, 유압 장치에서는 단면적의 비에 해당하는 만큼 힘이 증가하게 됨을 알 수 있다. 단, 지레에서 힘이 증가하는 데 비례해서 이동거리가 늘어났던 것처럼 유압 장치에서도 이동거리가 늘어나게 된다. 다시 말하면, 지레의 경우와 같이 유압 장치를 이용하여 작은 힘으로 큰 힘을 낼 수 있지만 이동거리가 증가하여 일의 원리가 성립된다는 것이다.

이를 간단히 생각해보자. 〈그림 2〉에서 액체는 비압축성 유체이기 때문에 부피는 일정해야 한다. 이때 실린더 1의 피스톤에 힘을 가해 s_1만큼 피스톤이 내려오고 실린더2의 피스톤이 s_2만큼 올라가게 된다면, 부피는 보존되어야 하므로 실린더1에서 피스톤이 내려온 것에 해당하는 부피만큼 실린더2의 피스톤이 올라가야 한다. 이를 수식으로 나타내면 부피는 단면적과 높이의 곱이므로 $A_1 \times s_1 = A_2 \times s_2$이고 $s_1 = \dfrac{A_2}{A_1} \times s_2$이다. 즉, 작은 힘으로 큰 힘을 내려면 이동거리 또한 증가해야 함을 알 수 있다.

2. 실험

이번 탐구에서는 루어락 주사기를 이용해서 간단한 유압 장치를 만들어 여러 실험을 진행할 것이다.

가. 실험 준비물

이번 실험에 사용할 실험 준비물은 다음과 같다.

〈그림 3〉 실험 준비물

눈금실린더(500ml, 250ml), 비커(50ml, 300ml), 스포이트, 페트병(500ml 3개, 1L, 1.5L), 전자저울, 기체 압력 센서, 기체 압력 센서 연결 튜브, go link, 노트북, 2*3 루어락 아답터 벨브, 튜브 커넥터, 루어락 주사기(25ml, 200ml), 스탠드, 스탠드 클램프, 깔대기 대

※ go link는 압력 센서로 얻어진 전기적 신호를 디지털 신호로 바꾸어 주는 장치이다.

나. 실험 1

1) 실험 목표

루어락 주사기를 이용하여 유압장치를 제작한 후 실험을 통해 이론과 실제의 차이를 알아본다.

2) 실험 과정

① 각 피스톤의 단면적 구하기

〈그림 4〉 25ml 주사기 피스톤의 단면적　　〈그림 5〉 200ml 주사기 피스톤의 단면적

유압장치를 제작하기에 앞서 이론적인 값을 계산하기 위해 각 주사기 피스톤의 면적을 구한다. 이때 피스톤은 원이므로 지름이나 반지름을 구하면 쉽게 알 수 있다. 그러나 측정이 어려우므로 주사기가 원기둥임을 고려하여 원기둥의 '부피=단면적×높이'를 이용하여 단면적을 구하기로 하였다.

25ml 주사기의 제시된 수치에 자를 대어 비교해보니 6cm에 19ml이었다. 25ml 주사기 피스톤의 단면적을 A_1이라 하면, $19ml = 6cm \times A_1$이고 $A_1 = 19/6$이다. 이때 $1ml = 1cm^3$이므로 $A_1 = 19/6cm^2$이다.

마찬가지로 250ml 주사기 피스톤의 단면적을 구하면, 3cm당 50ml이므로 이 주사기 피스톤의 단면적을 A_2라고 하면, $50ml = 3cm \times A_2$에서 $A_2 = 50/3cm^2$이다.

② 유압 장치 제작

2개의 루어락 주사기를 전송 루어락 어댑터 벨브와 튜브 커넥터를 이용하여 연결하고, 비커에 정수기 물을 받아와서 튜브와 주사기를 이용해 물을 채워 넣는다. 이때 주사기나 튜브에 공기가 들어가게 되면 정확한 측정이 어려워지는데, 이는 공기가 비압축성 유체가 아닌 압축성 유체로 압력을 가했을 때 공기가 압축되어 유체에 가해진 압력이 그대로 반대편 주사기에 전달되지 않기 때문이다.

〈그림 6〉 물을 채워 넣은 주사기와 튜브

그러므로 〈그림 6〉과 같이 주사기와 튜브 속 공기를 최대한 빼내어서 물을 채워 넣도록 한다.

25ml 주사기는 스탠드에 클램프를 이용하여 고정하고 200ml 주사기는 깔대기 대를 이용하여 고정한다. 그러면 〈그림 7〉과 같이 유압장치를 제작할 수 있다.

이때 25ml 루어락 주사기는 피스톤의 단면적이 작아 물체를 올려두기 어려우므로 아크릴판을 못으로 박아 물체를 올려두어도 중심을 유지하게 만들었다.

③ 방해요인 고려

유압장치에 물체를 올려두어 실험을 진행하려 하였으나, 주사기의 피스톤이

〈그림 7〉 제작한 유압장치

〈그림 8〉 물체의 질량을 달리하여 피스톤의 운동 관찰

나 튜브 속에서 작용하는 마찰력과 같은 방해 요인이 작용하여 이론적 내용을 그대로 적용할 수 없었다. 그래서 이러한 방해 요인을 고려한 후 이론을 적용하기 위해 25ml 주사기의 피스톤에 물체를 올려두고 살짝 힘을 주어 피스톤이 등속도로 천천히 내려 가도록 하는 물체의 질량을 구했다. 물체를 올려두고 살짝 힘을 가하는 이유는 최대 정지마찰력이 운동마찰력보다 크기 때문이다. 이때 피스톤이 등속도로 천천히 내려간다는 것은 방해요인에 해당하는 힘의 크기만큼 물체가 힘을 가하는 것을 의미하므로 그 물체를 올린 후에 실험을 진행하면 이론적인 내용을 적용할 수 있을 것이다. 이를 측정해보니 25ml 주사기의 피스톤이 8ml에 위치해 있을 때 300g 의 물체를 올려두었을 때 피스톤이 등속도로 천천히 떨어진다는 것을 알 수 있었다.

④ 이론적 계산

앞서 각 주사기 피스톤의 단면적의 계산한 값을 바탕으로 작은 힘으로 얼마나 큰 힘을 낼 수 있는지 이론적으로 계산해보자. $A_1 = 19/6$, $A_2 = 50/3$이므로 $F_2 = \dfrac{A_2}{A_1} \times F_1$ 에서 $F_2 = \dfrac{100}{19}F_1$이므로 힘이 100/19배 증가한다는 것을 알 수 있다.

먼저 첫 번째 실험에서는 1,000g의 물체를 들어보도록 하였다. 200ml 주사기에 1,000g의 물체를 놓고 25ml 주사기에 무게가 x인 물체를 올려두어 1,000g의 물체를 들어 올리려고 한다. 이론적으로 계산해보면 $x \times 100/19 = 1000$이므로 $x = 190g$이다. 그러면 앞서 방해요인을 고려한 300g의 물체를 25ml 주사기 위에 올려두고 190g물체와 1,000g물체를 각 주사기 위에 올리고 25ml 주사기에 살짝 힘을 주면 1,000g물제를 들어 올릴 수 있을 것이다.

⑤ 유압 장치 실험 준비

이제 이론적으로 예측한 결과가 실제로 들어맞는지 확인해야 한다. 먼저 1,000g의 물체와 190g의 물체를 만들어야 한다. 전자저울이 최대 400g까지 측정할 수 있으므로 1,000g의 물체를 만들 때 페트병의 질량을 측정한 후, 안에 물을 부어서 1,000g이 되도록 한다. 일반적으로 물 1L가 약 1kg이므로 1L=1,000ml, 1kg=1,000g에서 물 1ml는 1g을 나타낸다고 할 수 있다.

〈그림 9〉 물통의 무게 (50g)

〈그림 10〉 500ml의 물

〈그림 11〉 450ml의 물

〈그림 9〉와 같이 물통에 스포이트를 이용해 물을 조금씩 넣어 주어 계산을 쉽게 하기 위해 물통의 질량을 50g으로 맞추어준다. 그 후 500ml 눈금 실린더에 〈그림 10〉, 〈그림 11〉과 같이 500ml, 450ml의 물을 채워 넣은 후 물통에 부어주면 (물통의 질량)50g + (500ml의 물에 해당하는 질량)500g + (450ml의 물에 해당하는 질량)450g = 1,000g가 된다. 그리고 전자저울에 500ml 페트병을 올려두고 비커와 스포이트로 물의 양을 조절하여 190g의 물체를 만들어준다.

⑥ 유압 장치 실험

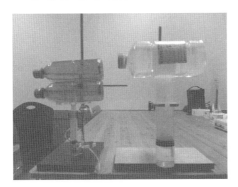

〈그림 12〉 유압 장치 실험 1

〈그림 12〉와 같이 25ml 주사기 피스톤 위에 300g의 페트병을 올려둔 뒤, 그 위에 190g의 페트병을 올려둔다. 반대편의 200ml 주사기 피스톤 위에 1,000g의 페트병을 올려둔다. 그리고 25ml 주사기 위에 살짝 힘을 주고 움직임의 변화를 관찰해본다.

3) 실험 1 결과 분석

25ml 주사기에 살짝 힘을 가하였더니, 피스톤이 천천히 내려가면서 오른쪽에 위치한 1,000g의 물체를 들어 올리는 것을 관찰할 수 있었다. 즉, 작은 힘으로 약 5.2배 증가한 큰 힘을 내서 물체를 들어 올린다는 것을 확인할 수 있었다.

다. 실험 2

1) 실험 목표

실험 1에서 1,000g에 해당하는 물체를 들어 올리는 것을 확인하였다. 이번 실험에서는 2,000g에 해당하는 물체도 이론적으로 계산하여 작은 힘으로 들어 올릴 수 있는지 확인해보도록 하자.

2) 실험 과정

① 이론적 계산

실험 1과 과정이 유사하므로 이론적으로 계산한 뒤 바로 유압 장치에 적용해보자. 앞서 계산했던 것과 같은 방식으로 계산해보면 $x \times 100/19 = 2000$에서

x =380ml이다. 그러면 앞서 방해요인을 고려한 300g의 물체를 25ml 주사기 위에 올려두고 380g물체와 2,000g물체를 각 주사기 위에 올린 후, 25ml 주사기에 살짝 힘을 주면 2,000g물체를 들어 올릴 수 있을 것이다.

② 유압 장치 실험 준비

유압 장치에서 실험을 진행하기에 앞서 380g의 물체와 2,000g의 물체를 만들어야 한다. 380g의 물체는 500ml 페트병을 전자저울에 올려둔 뒤에 물을 부우면서 380g을 맞추어 주면 되지만, 전자저울의 최대 측정 가능 질량이 400g이므로 2,000g의 물체는 앞선 실험과 같이 눈금실린더에 물을 담고 페트병에 부우면서 2,000g을 맞추어 주어야 한다.

〈그림 13〉400g 물체

〈그림 14〉80g 물체

〈그림 15〉20ml 물

〈그림 16〉500ml 물 - 1

〈그림 17〉500ml 물 - 2

〈그림 18〉500ml 물 - 3

가장 큰 페트병이 1.5L이므로 2,000g의 물체를 만들기 위해 페트병 2개를 이용해야 한다. 위의 그림과 같이, (1.5L 페트병+물)80g + (20ml의 물)20g + (500ml의 물)500g×3 + (500ml 페트병+물)400g = 2,000g 이므로 페트병 2개를 가지고 2,000g에 해당하는 물체를 만들 수 있다. 1.5L 페트병에는 500ml×3의 물을 넣어주고 500ml 페트병에는 물을 넣어 400g이 되기 맞춘 후 20ml의 물을 더 넣어서 420g이 되도록 한다. 즉 각 페트병의 질량이 1580g, 420g이 되어 총 2,000g이 되는 것이다.

③ 유압 장치 실험

〈그림 19〉 유압 장치 실험 2

〈그림 19〉와 같이 25ml 주사기 위에 300g 페트병을 올려두고 그 위에 380g 페트병을 올린다. 오른쪽의 200ml 주사기 위에는 1,500ml 물을 넣은 1.5L 페트병(1580g)을 올리고 그 위에 420g의 페트병을 올려둔다. 그런 뒤에 25ml 주사기에 살짝 힘을 주고 피스톤의 움직임을 관찰한다.

3) 실험 2 결과 분석

25ml 주사기에 살짝 힘을 가하였더니, 실험 1과 마찬가지로 피스톤이 천천히 내려가면서 오른쪽에 위치한 2,000g의 물체를 들어 올리는 것을 관찰할 수 있었다. 이번에도 작은 힘으로 약 5.2배 증가한 큰 힘을 내서 물체를 들어 올린다는 것을 확인할 수 있었다.

라. 실험 3

1) 실험 목표

앞선 실험을 통해 방해 요인을 고려하여 파스칼 원리가 적용된 유압장치를 확인할 수 있었다. 그러나 방해 요인이 실제로 얼마나 되는지 알아보고 싶었고, 이를 물리적 지식을 활용해서 구할 수도 있을 것이라 판단하였다. 그래서 압력 센서를 통해 실제 압력을 측정하여 직접 계산해보기로 하였다.

2) 실험 과정

① 이론적 계산

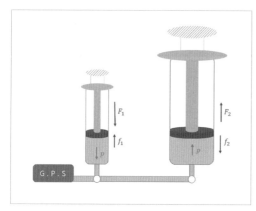

〈그림 20〉 유압 장치 모형

〈그림 20〉은 PPT를 통해 만든 유압 장치 모형이다. 여기서 G.P.S는 Gas Pressure Sensor의 줄임말로 압력 센서를 의미한다. 왼쪽 주사기 피스톤에 F_1을 가하면 이를 방해하는 힘 f_1이 있고, 알짜힘 $F_1 - f_1$에 의해 압력 p가 변화할 것이다. 이때 F_1을 가하기 전에도 대기압과 피스톤 자체 무게의 의한 압력에 의해 유체에는 압력이 가해질 것이다. 그럼 F_1을 가한 후에는 유체에 압력이 증가할 것이므로 압력의 증가량이 F_1의 영향과 관련되어 있음을 알 수 있다. 압력은 단위면적당 수직으로 작용하는 힘이므로, 왼쪽 주사기의 피스톤의 단면적을 A_1이라고 하면, 압력의 증가량 $\triangle p = (F_1 - f_1)/A_1$이라고 생각할 수 있다.

이번 실험을 진행할 때 방해요인을 고려하기 위해 300g의 물체를 올려두었다.

즉, 왼쪽 주사기 위에 300g의 물체를 올려두고 피스톤을 움직이게 하면 오른쪽 피스톤은 등속 운동을 하게 된다. 즉, 오른쪽 피스톤에 대해서 피스톤을 위로 올리는 힘과 이를 방해하는 힘이 같다고 가정하면 $F_2 = f_2$이다. 이때 파스칼 원리에 의해 유체에 작용하는 압력은 어느 지점에서나 같다는 것을 생각하면, 압력 p는 오른쪽 피스톤의 단면적에 작용하므로 이 단면적이 A_2라고 할 때, $F_2 = p \times A_2$이다.

이러한 과정을 통해 피스톤의 움직임을 방해하는 요인 f_1와 f_2를 구해볼 수 있다. 이때 f_1, f_2는 각각 주사기와 피스톤 사이의 마찰에 의한 마찰력이라고 가정하고, 그 외에도 유체 속 공기의 압축이나 물과 관 사이의 마찰에 의한 마찰력 등도 생각해볼 수 있지만, 이번 실험에서는 주사기와 피스톤 사이의 마찰력만 고려하기로 하였다.

② 유압 장치 실험 준비

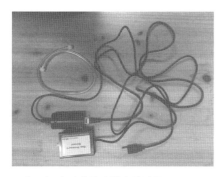

〈그림 21〉 기체 압력 센서, 연결 튜브, go link   〈그림 22〉 25ml 주사기 밑에 기체 압력 튜브를 연결한 모습

〈그림 21〉에서 연결 튜브의 한쪽 끝은 기체 압력 센서에 나머지 한쪽 끝은 〈그림 22〉와 같이 측정하고자 하는 유체에 연결한다. 그리고 기체 압력 센서는 go link에 연결한 후 go link를 노트북에 연결하여 유체의 압력을 측정한다. 이

때 go link는 기체 압력 센서의 전기적 신호를 디지털 신호로 바꾸어서 노트북에 전달해주는 역할을 한다.

③ 유압 장치 실험

〈그림 23〉 실험 준비를 마친 모습

〈그림 23〉과 같이 실험 준비를 한 후, 먼저 주사기에 힘을 가하기 전의 압력을 측정한다. 그러고 나서 왼쪽 끝의 25ml 주사기 위에 300g 페트병을 올려두어 피스톤을 움직이게 하고, 이때 유체의 압력을 측정한다. 이때 압력을 10회 측정하여 평균값을 얻도록 한다.

④ 실험 결과 분석

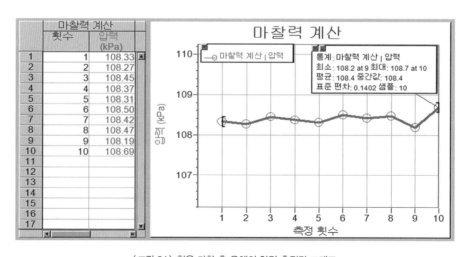

마찰력 계산	
횟수	압력 (kPa)
1	108.33
2	108.27
3	108.45
4	108.37
5	108.31
6	108.50
7	108.42
8	108.47
9	108.19
10	108.69

통계: 마찰력 계산 | 압력
최소: 108.2 at 9 최대: 108.7 at 10
평균: 108.4 중간값: 108.4
표준 편차: 0.1402 샘플: 10

〈그림 24〉 힘을 가한 후 유체의 압력 측정값 그래프

〈그림 24〉는 실험을 통해 얻은 값을 그래프로 나타낸 것이다. 이 측정값의 평균값으로 마찰력을 계산할 것이다. 이때 힘을 가한 후 유체의 압력 평균값은 108.4 kPa이다. 그리고 힘을 가하기 전 유체의 압력은 105.3 kPa 이다. 그러면 압력 변화 $\triangle p$은 108.4-105.3 = 3.1kPa이다. 이를 바탕으로 이론을 적용하여 f_1과 f_2를 각각 구해보자.

먼저 f_2를 구해보자. 이론적 계산에서 다루었듯이 $f_2 = F_2 = \triangle p \times A_2$이다. 실제로 값을 대입하여 계산해보면 $f_2 = 3.1 kPa \times 50/3 cm^2 = 3.1 \times 10^3 \times 50/3 \times 10^{-4} N = 31/6 N \approx 5.16 N$이다.

다음으로 f_1을 구해보자. 이론적 계산에서 다루었듯이 $\dfrac{F_1 - f_1}{A_1} = \triangle P = 3.1 kPa$이다. 여기서 $f_1 = F_1 - A_1 \triangle P$이다. 이때 F_1은 25ml 위에 놓여진 300g의 물체가 피스톤을 누르는 힘이므로 $F_1 = 0.3 \times 9.8 = 2.94 N$ 이다. $f_1 = 2.94 - \dfrac{6}{19} \times 10^3 \times 3.1 \times 10^{-4} \approx 2.81 N$ 이다.

III. 결론

1. 연구 결과

본 연구를 통해 파스칼 원리를 실제에 적용하기에는 방해 요인이 많아 실험을 진행하는 데 어려움이 있었다. 그래도 이를 고려하고 실험을 진행하면서 유압 장치에서 작은 힘으로 큰 힘을 낼 수 있음을 확인할 수 있었다. 또한 여기서 더 나아가 압력 센서를 활용해서 저항력이 얼마나 되는지 측정해 보고자 설계 및 실험을 진행하였고 어느 정도 측정할 수 있었다. 이처럼 파스칼 원리가 적용된 유압 장치를 만들어서 탐구해볼 수 있었고, 탐구 중 여러 조사를 통해 이러한 원리가 실생활에 굴삭기의 조종이나 자동차의 유압식 브레이크 등에서 유용하게 활용되고 있다는 것을 알게 되었다.

2. 한계점

현실적인 어려움이 있어 완벽한 실험을 진행하기는 힘들었다. 주사기 내부와 연결 튜브 속의 공기나 마찰에 의한 저항력 등으로 방해 요인이 많이 작용하였고, 이를 고려했다고 하더라도 방해 요인을 완전히 차단했다고 보기 어려웠다. 또한 압력을 계산할 때에도 피스톤에 힘을 가하기 전에 존재하는 저항력 등을 고려하지 못하는 등 한계점이 있었다.

참고문헌

고등학교 물리 1 (교학사_교과서)
두산백과

🔍 선배의 탐구보고서 의미 들여다보기

● 탐구보고서 작성 동기

물리 수업을 통해 파스칼 원리를 배우게 되었는데, 이 원리는 작은 힘으로도 큰 힘을 낼 수 있어 실생활에 많이 적용된다. 학술제에서 '함수로 나타낸 영역의 무게중심'이라는 탐구를 진행하면서 지레의 원리를 다룬 것이 도움이 되었다. 지레의 거리가 늘어나지만 힘의 이득을 보는 것처럼 파스칼의 원리도 이와 비슷했다. 그러나 이는 이론적으로 얻어진 원리여서 실제는 다른 요인에 의해 차이가 발생할 것으로 판단하였다. 이번 탐구를 통해 이론과 실제에는 어떤 차이가 있는지 알아보기로 하였다.

● 탐구보고서 작성 과정

이번 실험을 하면서 제일 큰 문제점은 방해요소가 많았다는 것이다. 특히 주사기 내부와 연결 튜브 속의 공기나 저항력, 압력을 계산할 때가 힘들었다. 피스톤에 힘을 가하기 전, 피스톤 안에 존재하는 저항력 등을 고려하지 못했기 때문이다.

첫 번째는 루어락 주사기를 이용하여 유압장치를 제작한 후 실험을 통해 이론과 실제의 차이를 알아보았다. 이때 유압장치에 물체를 올려두어 실험을 진행하였으나 주사기의 피스톤이나 튜브 속에서 작용하는 마찰력과 같은 방해 요인이 작용했다. 이론적으로 같은 상황을 적용할 수 없었다. 그래서 주사기의 피스톤에 물체를 올려두고 피스톤이 등속도로 내려가도록 해 물체의 질량을 구했다. 그 결과 작은 힘에서 약 5.2배 증가한 큰 힘으로 물체를 들어 올릴 수 있었다.

두 번째는 첫 번째 실험에서 1,000g에 해당하는 물체를 들어 올리는 것을 확인한 후 2,000g에 해당하는 물체도 이론적으로 가능한지 확인했다.

세 번째 실험에서는 앞의 실험의 방해 요인을 고려하여 파스칼 원리가 적용된 유압장치를 확인할 수 있었다. 방해요소 확인을 위해 압력센서를 통해 실제 압력을 측정하여 직접 계산 과정을 거쳤다.

● 탐구보고서 작성 후 배운 점

본 연구를 통해, 파스칼 원리를 실제에 적용하기에는 방해 요인이 많아 실험에 어려움이 있다는 걸 알 수 있었다. 그래도 이를 고려하며 실험을 진행하면서 유압 장치의 작은 힘으로 큰 힘을 낼 수 있다는 것을 확인했다. 또한 여기서 더 나아가 압력 센서를 활용한 저항력 측정 설계 및 실험을 진행하였고, 어느 정도 훌륭한 계측을 얻을 수 있었다. 이처럼 파스칼 원리가 석용된 유압 장치를 만들어서 탐구해보고, 이러한 원리가 실생활에 굴삭기의 조종이나 자동차의 유압식 브레이크 등에서 유용하게 활용되고 있다는 것을 알게 되었다.

생물·화장품계열

 제목 : 고분자 물질 카라기난(Carrageenan)을 분해하는 해양 미생물의 분리 및 특성 분석

초 록

본 연구에서는 해양으로부터 분리한 미생물 균주 BY1이 산업적 활용도가 높은 고분자물질 카라기닌(carrageenan)을 분해할 수 있는 능력이 있음을 확인하였다. 16S rRNA 염기서열을 기초로 계통학적 분석한 결과, 균주 BY1은 Shewanella loihica PV-4T및 Shewanella aquimarina SW-120T와 97.9% 이상의 상동성을 나타냈다. BY1은 그람음성 균으로 막대모양을 하였으며, 최적 생장온도는 25℃ ~ 30℃, 최적 생장 pH는 7.0, 염화나트륨 농도를 이용한 최적 생장 염도는 3 ~ 5%로 나타났다.

서 론

카라기난(carrageenan)은 식용 홍조류로부터 추출된 수용성 물질로 황이 결합된 다당류들의 그룹을 일컫는다〈그림 1〉.

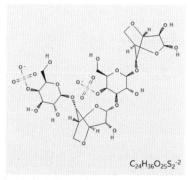

$C_{24}H_{36}O_{25}S_2^{-2}$

〈그림 1〉 카파(Kappa)-카라기난의 화학 구조식

결과 및 고찰

1) 형태학적 특성

광학현미경으로 그람염색된 콜로니를 1,000배의 배율로 관찰한 결과 본 연구에서 사용한 해양미생물 균주 BY1은 그람음성으로 나타났다〈그림 2〉. 그람염색으로 인하여 그람양성 세균은 Peptidoglycan층이 두꺼워 탈색제인 알코올에 의해 영향을 받지 않아 보라색을 유지하지만 그람음성세균은 단일 Peptidoglycan층으로 인해 알코올에 의해 손상을 받으면 Crystal Violet-Iodine 복합체가 떨어진 후 대조염색 시약으로 교체된다.

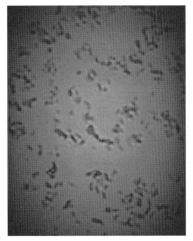

〈그림 2〉 Gram stain of marine microorganism, strain BY1

2) 생리학적 특성

온도의 조건을 달리하여 해양미생물의 생장 유무를 확인하였다. 해양미생물 BY1은 20~37℃에서 생장하는 것으로 나타났고, 최적 생장온도는 30℃인 중온균으로 확인되었다(Table 1).

Table 1. Effect of temperature on cell growth of marine microorganism strain BY1

Condition	Temperature(℃)						
	4	15	20	25	30	37	42
Result	−	−	+	++	++	+	−

염분도의 조건을 달리하여 해양미생물 BY1의 생장유무를 관찰한 결과 0~9%까지 생육할 수 있으며, 3~5%의 염도에서 생장이 가장 활발하였다 (Table 2). 이는 해수를 3.5%라 하였을 때 평균보다 더 높은 염도에서도 생장 가능한 균주로, 실험 균주는 호염성이거나 내염성 세균일 것으로 판단된다.

Table 2. Effect of salinity on cell growth of marine microorganism strain BY1

Condition	NaCl(%)									
	0	1	3	5	7	9	11	13	15	20
Result	+	+	++	++	+	+	−	−	−	−

배지 초기 pH에 따른 미생물의 생장을 조사하기 위하여 pH 4~pH 13 범위의 배지를 사용하여 실험하였다. pH 5인 산성 배지에서는 미생물의 생장을 관찰할 수 없었으며, pH 7~9의 배지에서 생장하였으며, 최적 생장 pH는 pH 7~9로 나타났다. 그러나 pH 10 이상의 강알칼리에서는 생장하지 않았다. 따라서 해양미생물 BY1은 호중성미생물임을 알 수 있었다.

Table 3. Effect of pH on cell growth of marine microorganism strain BY1

Condition	pH									
	4	5	6	7	8	9	10	11	12	13
Result	−	−	+	++	++	+	−	−	−	−

3) 유전학적 특성 및 16S rRNA에 기초한 계통관계 분석

16s rRNA 유전자 염기서열에 기초한 계통분류학적 분석에서 BY1은 16S rRNA 유전자 염기서열에 기초한 계통분류학적 분석에서 Shewanella loihica

PV-4T및 Shewanella aquimarina SW-120T와 97.9% 이상의 상동성을 보이는 균으로 나타났다.(Fig. 7)

선배의 탐구보고서 의미 들여다보기

● **탐구보고서 작성 동기**

카라기난에 관심을 가지게 된 이유는 카라기난을 미생물 효소로 분해하여 저분자 올리고당을 제조할 수 있으며, 이들의 생리활성 또한 다양하다. 식품, 약품, 화장품 등에 활용할 가능성이 많아 카라기난을 분해함으로써 얻을 수 있는 산업적 이점에 대해 자세히 알아보고자 탐구하게 되었다.

● **탐구보고서 작성 과정**

이번 실험을 하면서 제일 큰 문제점은 카라기난을 채취하는 일이었다. 제주도로 체험학습을 가기 전 채취한 곳을 사전에 정하는 일부터 계획을 세웠다. 제주 해안에서 채취한 네 가지 균들을 배지에 도말하여 증식시켰고, 그람염색, 균들의 배양 환경조절, PCR을 진행함으로써 균들의 형태학적, 생리학적, 유전학적 특성을 분석했다. 다당류의 일종인 카라기난을 가장 잘 분해하는 해양 미생물을 찾아내기 위해 수도 없이 많은 실험을 하였다. 교수님께서 앞으로 이런 실험을 수없이 반복하여 최고의 결과를 뽑아내기 위해 날을 새는 일이 많을 것이라고 조언해주었다. 힘들지만 대학교에서 실험하는 동안 대학생 때 어떻게 임해야할지 깊이 고민해보는 시간을 가졌다.

● 탐구보고서 작성 후 배운 점

 본 연구를 통해, PCR 등 고등학교에서 흔히 할 수 없었던 실험을 진행했을 뿐 아니라, 대학에서 쓰게 될 논문의 형식을 익히게 해준 귀중한 경험이었다. 인근 대학에 주기적으로 방문함으로써 모든 실험을 진행하였고, 학교와 집에서 친구와 함께 논문을 완성해 나갔다. 논문 작성이 쉬운 일은 아니었다. 작성 형식조차 몰랐기 때문에 서론부터 애를 먹었다. 진전되지 않는 논문 작성에 진저리가 나기도 했고, 의견이 일치하지 않아 서로를 탓하기도 하였다. 하지만 작성할 부분을 분담하고 서로 이를 피드백하는 과정을 거침으로써 다시 협력하면서 논문을 작성할 수 있었다. 전문적인 논문 작성을 하기 위해 DBpia 등에서 참고 자료를 수도 없이 읽어보고, 교수님과 끊임없이 접촉하며 한 장, 한 장 논문을 써 마침내 완성한 논문을 보며 뿌듯함을 느꼈다.

⌖ 제목 : 노화의 원인과 해결 방안 : 산화작용을 중심으로

Ⅰ. 서론

1. 탐구 배경

생명과학Ⅰ 책에서 텔로미어와 수명에 관한 글을 읽고 난 뒤부터 노화와 암, 노화를 억제할 수 있는 방법에 관련된 내용에 관심이 많아졌다. 이에 관한 책을 읽던 중 『노벨의학상이 찾아낸 불로장생의 비밀, 텔로미어』(마이클 포셀 지)에서 '노화의 가장 큰 주범 4가지는 산화, 염증, 당화반응, 비정상 메틸화이다.'(p.54-58)라는 글을 읽었다.

이에 위 4가지 중 어떤 것이 가장 큰 영향을 미치는지 검색해 본 결과 산화가 노화의 가장 큰 주범이라는 것을 알았다. 어떻게 인체에 작용하여 노화를 유발하고 촉진시키는지 궁금했다. 또한 산화 작용을 억제시키거나 상쇄시킬 수 있는 해결 방안에는 어떤 것이 있는지 궁금하여 본 탐구를 시작하게 되었다.

2. 탐구 목표

1) 노화에 대해 알아본다.

2) 산화 작용이 어떻게 노화에 영향을 끼치며 산화를 효과적으로 제어할 수 있는 방법을 찾아본다.

3) 염증 작용이 어떻게 노화에 영향을 끼치며 염증 작용을 줄일 수 있는 방

법을 찾아본다.

4) 당화 반응이 어떻게 노화에 영향을 끼치며 당화 반응을 효과적으로 억제할 수 있는 방법을 찾아본다.

5) 비정상 메틸화가 어떻게 노화에 영향을 끼치며 효과적으로 제어할 수 있는 방법을 찾아본다.

6) 위의 내용을 종합하여 노화를 어떻게 억제할 수 있는지 알아본다.

3. 이론적 배경

1) 노화란?

노화란 세포가 분열을 멈추고 죽음을 향해 가는 상태로서 나이가 들면서 일어나는 쇠퇴적인 변화현상을 말한다. 노화한 세포는 병들고 죽어가게 되는데 그 양이 많아지게 되면 신체 전체에 비정상적인 영향을 미친다.

2) 노화의 원인에 대한 다양한 이론들

(1) Free Radical Theory

프리 래디컬이 단백질과 DNA의 변형을 초래하여 손상이 계속되어 누적되면 죽음에 이른다는 이론

(2) Gene Mutation Theory

돌연변이 세포가 쌓이면 노화가 일어난다는 이론. 프리 래디컬 이론과 상통한다.

(3) Cross-Linkage Theory

당 분자는 당화반응을 통해 단백질 분자와 결합하여 당화반응 최종 산출물이 된다. 이 물질이 누적되면 우리를 늙게 만드는 질병의 원인이 되고 죽음에 이

르게 한다는 이론

　　⑷ 디자인된 노화론

사람은 죽음을 맞이하게 프로그램 되어 있다는 이론

　　⑸ Order to Disorder Theory

시간이 갈수록 신체의 질서를 유지해주는 체계의 효율성이 떨어진다. 인체의 모든 것이 산화가 되면 노화가 오고, 산화인 상태가 심해지면 사망에 이른다.

3) Free Radical(활성산소)이란?

대단히 불안정한 질소 또는 산소 분자. 세포와 세포 물질을 손상시키거나 산화작용을 일으킬 수 있다. 주로 연료 생성의 부산물로서 미토콘드리아에 모여 있으며 염증 반응을 보여야 할 때 쓰이거나 세포 소멸의 원인이 되는 데 사용된다. 수효와 존재 형태에 따라 좋을 수도 나쁠 수도 있다.

4) 과산화지질이란?

과산화지질은 활성산소와 불포화지방산이 결합되어 생기는 물질로 지질 과산화반응을 증폭시킬 수 있고, 단백질과 반응하여 요한 효소나 수용체 시스템의 기능을 손상시킬 수 있다. 지질과산화 반응은 노화를 촉진시킨다. 그 이유는 지질이 많은 식품이나 세포막을 구성하고 있는 지질성분은 모두 환경요인에 의해 활성산소의 공격을 받아 퍼옥실라디칼(per oxyl radical)을 생성한다. 이때 다른 지질성분과 연쇄 반응에 의하여 과산화지질을 생성하기 때문이다.

5) 노화와 텔로미어의 연관성

텔로미어란 짧고 반복적이며 유전적인 기능이 없는 DNA 덩어리다. 세포가 죽기 전에 유전자가 몇 번 복제되느냐에 따라 세포의 수명을 결정하는 생체 시계와도 같은 기능이 있다. 유전 물질을 안정화하고 세포와 기관 전체의 건강에 직접적인 영향을 끼친다. 텔로미어가 제 기능을 하지 못하게 되면, 불안정해진 염색체는 서로 융합(Fusion)하게 된다. 이 염색체 융합은 비정상적인 세포를 가리키는 하나의 신호로 작용하게 되어, 그 세포가 세포자살(Apoptosis)을 일으키게 하거나 그 세포의 세포 주기(Cell Cycle)를 저지하게 하는 신호가 된다. 이로 인해 텔로미어가 짧아진 세포는 죽게 되는 것이며, 이러한 세포 사멸은 결국 노화를 일으킨다.

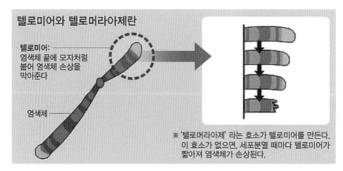

출처 : 빌 앤드루스의 텔로미어의 과학

〈그림 1〉 텔로미어 모식도

II. 본론

1. 산화

1) 산화의 원인

산화는 활성산소에 의해 일어난다. 활성산소란 다른 분자와의 상호작용으로 한 극을 잃어버린 산소분자를 말한다.

2) 활성산소의 좋은 점

활성산소는 살균작용을 하는 데 꼭 필요한 것이다. 지구 표면에는 일정한 프리래디컬이 필요한데 태양 광선에서 나오는 프리래디컬은 지표면의 세균을 적절하게 살균하고 있어서, 지표가 건강한 상태로 남아있는 것이다. 만일 이런 프리래디컬이 없었더라면, 아마도 지표는 전체가 세균으로 가득했을 것이고, 다른 생명체들에게 치명적인 위협으로 작용했을 것이다.

또한 인체의 세균 방어는 활성산소에 의해 이루어진다. 만일 세균과 같은 이물질이 침입하면, 식세포가 세균을 포획하여 세균과 함께 자살한다. 이때 식세포는 포획한 세균을 녹이기 위하여, 활성산소를 방출한다. 하지만 이러한 활성산소가 필요 이상으로 과도하게 방출되었을 때 문제가 된다.

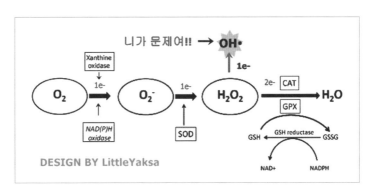

〈그림 2〉 활성산소의 생성과정

3) 활성산소에 의한 노화기전

활성산소는 매우 불안정한 상태이기 때문에 스스로를 치유하기 위해 주변의 건강한 분자로부터 다시 극을 뺏어 와야 한다. 이 과정에서 더 많은 활성산소가 생산되고, 세포 조직은 손상을 입는다. 즉, 불완전한 활성산소는 빽빽하게 세포를 감싸고 있는 원형질막에서 전자를 하나 빼앗아 완전해지려고 한다. 이때 전자를 하나 빼앗긴 원형질막이 손상되면서 안팎으로 유해산소에 대한 연쇄반응이 일어나 전체적인 세포조직이 손상을 입는다.

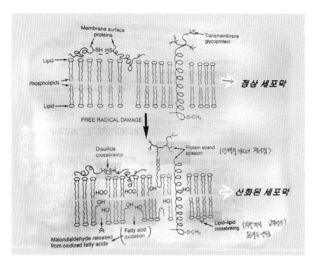

〈그림 3〉 활성산소에 의해 산화된 세포막

이처럼 인체활동에 의해 우리 몸에서 생성되는 활성산소는 세포막의 불포화지방산과 반응하여 새로운 라디칼인 과산화라디칼(Peroxyl Radical)을 형성한다. 이때 산소가 있으면 과산화라디칼은 연쇄반응을 일으키는데 이를 지질과산화라고 부른다. 세포막을 구성하고 있는 지질의 과산화는 세포막의 액체성을 감소시켜 세포막의 투과성을 증가시킨다. 이로 인한 유해성은 지질과산화가 일어나는 부분뿐만 아니라 과산화라디칼이 혈액을 타고 이동하여 다른 부위의 과산화를 유발하기도 한다.

4) 활성 산소의 위험성

이런 현상이 지나치게 많이 일어나면 우리 몸은 '산화 스트레스(Oxidative Stress)'라는 상태에 놓이게 된다. 그리고 지속적인 산화 스트레스는 각종 암과 퇴행성 질병을 초래한다. 세포는 활성산소의 항상성을 유지하기 위해 여러 종류의 항산화 효소나 항산화 화학물질을 가지고 있어 이런 부작용을 억제한다. 반면 암세포는 정상세포에 비해 높은 활성산소를 가지고 있지만 항산화 유전자들은 적게 가지고 있다. 이러한 상태에서 외부의 활성산소의 변화가 있을 때, 세포 내의 대사활동, 미토콘드리아 기능의 이상, 그리고 여러 종류의 스트레스 관련인 산화 단백질의 활성을 유도하여 세포증식이 비정상적으로 활성화되는 등 세포의 피해가 급격히 증가한다. 이들은 비정상적인 산화환원 체계를 가지고 있고 여러 활성화된 암 유전자들(예를 들어, p53)에 의해 활성산소를 만드는 효소들이 증가됨으로써 암세포 내의 활성산소가 높아지게 된다.

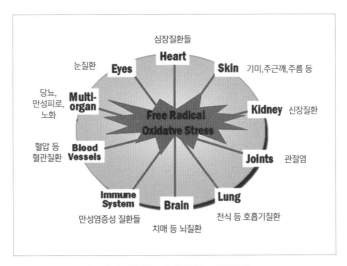

〈그림 4〉 활성산소가 유발하는 각종 질병

5) 산화를 줄이는 방법

항산화효소(SOD)는 항산화물질 등으로 어느 정도 불활성화, 부녹화기능이 있다. 그러나 20대 이후 SOD 감소(40대 50%, 60대 10% 이하)로 인해 활성산소 제거능력이 떨어지게 된다. 또한 활성산소는 전자와 결합하여 물로 환원되어 배출되므로 전자의 부족현상이 생기게 된다. 이로 인해 미토콘드리아에서는 전자가 부족하게 되어 ATP 생산량이 줄어들게 된다. 세포는 영양공급을 못 받아 힘을 못 쓰고 늙고 병들어 죽게 된다. 이런 상황에서 전자를 넣어주면 필요한 만큼 산화되므로 세포의 노화를 막을 수 있다.

(1) 활성수소 이용

수소는 체내의 수분과 닿으면 마이너스 수소이온을 방출하여 마이너스 수소이온 즉, 전자로 바뀌게 된다. 이러한 마이너스 수소이온은 생체에 있어서 이상적이며 최강의 항산화물질(환원능력이 가장 뛰어남)로서 가장 위험한 히드록시라디칼을 제거한다. 또한 미토콘드리아에 작용하여 생체에너지인 ATP의 생산을 높이고 체력과 대사기능을 높인다. 그 결과 다른 영양소에 대한 대사도 촉진하고 대사 장애의 개선이나 다른 영양소를 돕는다. 이는 일반 항산화물질이나 환원수, 수소수(마이너스 수소이온 불포함)에서는 볼 수 없는 작용이다. 위를 종합하여 인체에 미치는 영향을 계산해보면 마이너스 수소이온은 수소원자에 비해 2배 이상의 항산화력을 가지고 있다.

(2) 비타민과 미네랄 섭취

이미 생성된 활성산소($OH-$)를 다시 물(H_2O)로 바꾸기 위해서는 비효소적 항산화제인 비타민 A, C, E, 바이오플라보노이드의 섭취가 중요하다. 기본적으로 세포막에서 항산화 작용을 하는 것은 비타민 E가 대표적이다. 비타민 E가 활성산소에 전자를 줘서 물로 바꾸고 비타민 C는 다시 비타민 E에 전자를 줘서 재생시킨다.

또한 체내의 항산화효소의 활성을 위해서 미네랄의 섭취도 중요하다. 자체 효소 SOD는 Cu, Mn, Zn이 필요하고 글루타치온 퍼옥시데이스의 활성에는 Se(셀

레늄)이 필수적이다. 이렇듯 모든 비타민이 서로 필요에 의해 맞물려 돌아가기 때문에 한 비타민의 섭취가 아닌 여러 비타민의 복합적 섭취가 중요하다.

(3) 스트레스 덜 받기

스트레스를 받게 되면 인간 몸은 스트레스에 대항하기 위해 부신피질 호르몬을 분비한다. 이는 세포의 물질대사를 자극하여 호흡을 촉진해 더 많은 활성산소를 야기한다. 또한 스트레스로 인해 긴장상태를 유지하면 혈액순환을 억제하므로 세포의 무산소 호흡을 촉진하게 된다. 이 역시 활성산소의 과다한 분비의 원인이 될 뿐만 아니라 체내에서 항산화효소의 확산도 막는다. 따라서 우리는 스트레스를 덜 받는 방법(잠, 명상 등)을 알고 실천해야 한다.

Ⅲ. 결론

위 본론에서 3가지 산화를 막을 수 있는 방법에 대해 논하였다. 하지만 이는 산화를 막기보다는 지연시킨다고 하는 표현이 더 옳을 것이다. 즉, 현대 의약품의 도움을 받고 항산화 물질이 다량 함유된 과일을 찾아 먹는 것도 큰 도움이 되겠지만 한계가 있다는 것이다. 이는 항산화작용을 억제시키는 그 무엇보다도 산화(과다한 활성산소 분비)가 일어나지 않도록 예방하는 것이 중요하다는 뜻이다. 일상생활 자체가 스트레스이고 전쟁인 현대인들은 자신만의 스트레스 해소법(과도한 운동은 활성산소를 유발시킴)을 개발하여 산화를 막는 것이 가장 중요하겠다.

● **탐구보고서 작성 동기**

생명과학Ⅰ 책에서 텔로미어와 수명에 관한 글을 읽고 난 뒤부터 노화와 암, 노화를 억제할 수 있는 방법에 관심이 생겼다. 그리고 책을 읽던 중 『노벨의학상이 찾아낸 불로장생의 비밀, 텔로미어』(마이클 포셀 저)에서 '노화의 가장 큰 주범 4가지는 산화, 염증, 당화반응, 비정상 메틸화이다.'(p.54-58)라는 글을 읽었다. 이에 위 4가지 중 어떤 것이 우리에게 가장 큰 영향을 미치는지 알아보고 싶어 탐구하게 되었다.

● **탐구보고서 작성 과정**

이번 탐구는 노화에 영향을 끼칠 수 있는 다양한 원인 중 가장 큰 영향을 주는 것이 무엇인지 알아보고자 다양한 자료를 검색하였다. 연구한 결과 산화가 노화의 가장 큰 주범이라는 것을 알게 되었다. 무엇보다 어떻게 인체에 작용하여 노화를 유발하고 촉진시키는지 궁금했다. 산화작용을 억제시키거나 상쇄시킬 수 있는 해결방안에는 어떤 것이 있는지 궁금하여 본 탐구를 시작하게 되었다. 또한 그 원인들을 줄일 수 있는 방법에 대해 고민하였다. 산화는 활성산소에 의해 일어나는데, 활성산소가 살균작용에는 꼭 필요하다는 것을 먼저 언급하고 그 다음 활성산소의 위험성에 대해 이야기했다. 단순히 노화뿐만 아니라 각종 암과 퇴행성 질환을 초래한다는 것도 조사했다. 산화를 줄이는 방법에 무게를 두어 보고서를 작성했다.

● **탐구보고서 작성 후 배운 점**

3가지 산화를 막을 수 있는 방법에 대해 논하였다. 하지만 이는 산화를 막기

보다는 지연시킨다고 하는 표현이 더 옳을 것이다. 즉, 현대 의약품의 도움을 받고 항산화 물질이 다량 함유된 과일을 찾아 먹는 것도 큰 도움이 되겠지만, 한계가 있다는 것이다. 이는 항산화작용을 억제시키는 그 무엇보다도 산화(과다한 활성산소 분비)가 일어나지 않도록 예방하는 것이 중요하다는 뜻이다.

일상생활 자체가 스트레스이고 전쟁인 현대인들은 자신만의 스트레스 해소법(과도한 운동은 활성산소를 유발시킴)을 개발하여 산화를 막는 것이 가장 중요하다는 것을 알게 되었다. 이후 이런 내용을 친구들과 공유하고 싶어 게시판에 게시하고 알려주는 활동을 하였으며, 동아리 발표시간에도 소개하였다.

제목 : 호흡률과 포장재의 기체 투과성에 따른 과일의 숙성도

I. 연구 동기 및 목적

청과물은 수확 후 기공으로 에틸렌 가스를 배출한다. 에틸렌 가스는 감자가 발아할 때 생기는 솔라닌의 독성을 억제하는 반면 청과물의 숙성은 촉진하는 호르몬 효소이다. 우린 이 호르몬의 활동 범위를 조절하여 생활에서 실용적으로 사용하는 것을 궁극적인 연구의 목적으로 하여 '호흡률과 포장재의 기체 투과성에 따른 과일의 숙성도'라는 주제를 선정하였다.

먼저, 에틸렌 가스가 솔라닌을 억제하는 현상을 탐구하여 가장 효과적인 감자 보관 방법을 알고자 한다. 청과물마다의 호흡량, 즉 청과물마다의 에틸렌 가스 배출량을 조사와 실험을 통해 알아본다.

다음으로는, 청과물의 숙성 촉진을 억제하는 것을 목적으로 한다. 청과물의 상품 가치는 신선도에 의해 크게 좌우된다. 그러나 청과물을 장기간 보관 시 신선도를 유지하기는 어려워 실생활에서 품질과 저장 기간을 모두 충족시키는 게 쉬운 일이 아니다. 그래서 우리는 청과물의 숙성에 영향을 주는 요인들을 파악하고 이를 적극 활용함으로써 실생활에 최적화된 청과물 보관을 목적으로 한다.

* 청과물의 호흡량 탐구

II. 이론적 배경

가. 수확 후 과일은 호흡 시 기공을 통해 에틸렌 가스(사진 참조)를 밖으로 배출한다. 이때 에틸렌 가스는 과실류의 추숙(수확기에 농작물이 저절로 떨어지는 것

을 막기 위하여 일찍 거두어들인 다음 완전히 익히는 일), 노화, 최색(고온 또는 에틸렌을 사용해서 생리 대사를 활발히 하고 성숙을 촉진시켜 결과적으로 착색 또는 과피의 색을 좋게 하는 조작), 낙과는 물론 식물의 개화나 생장의 촉진 혹은 억제 등 폭넓게 생리활성을 나타내는 식물 호르몬이다.(에틸렌의 작용으로 인해 풋과일이 익어가면서 엽록소가 파괴되고 안토시아닌이 생성되므로 과일이 붉은색을 띤다. 많은 종에서 개화를 저해시키기도 한다.)

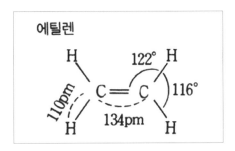

나. 발아한 감자에는 솔라닌($C_{45}H_{73}NO_{15}$-사진 참조)이라는 독성 물질(과다 섭취 시 복통, 설사, 구토 등 장의 장해나 어지러움, 그리고 가벼운 의식장해가 나타날 수 있고, 드물게는 추신경계의 기능 하에 따른 증증(重症), 때로는 사망에 이름)이 생성되는데 이때 과일 호흡 시 발생되는 에틸렌 가스가 감자의 발아를 억제하는 역할을 한다.

다. 사과, 바나나, 토마토, 아보카도 등은 과실의 성숙 과정 중 호흡량이 일시적으로 급격히 증가하고 호흡량의 증가에 따라 에틸렌 생성 또한 현저히 증가한다.

III. 연구 과정

실험 준비물 : 사과, 배, 포도, 바나나, 감자, 지퍼 백

1. 지퍼 백에 각각 한 개씩 감자를 담는다.
2. 감자가 담긴 지퍼 백에 사과와 배, 포도, 바나나를 따로따로 넣고 입구를 막는다.

3. 냉장실(영상 2도)에 각각의 지퍼 백을 넣고 보관한다.
4. 보관 시작 시간(p.m 7)을 기준으로 24시간마다 지퍼 백 안의 감자 상태를

확인한다.

* 참고 : 과일과 함께 들어있던 감자의 최초 발아시기를 확인한 후 마지막 남은 감자가 발아할 때 까지 측
　정을 계속한다.

　　- 독립 변인
　　1. 조작 변인 : 과일의 종류
　　2. 통제 변인 : 과일의 보관 장소, 과일의 보관 용기

Ⅳ. 연구 결과

　9월 6일~10월 31일까지 약 두 달간 냉장 보관한 결과 네 지퍼 백에 들어있는 감자 모두 발아가 되지 않았다.

　가. 실패 요인
　1. 과일마다의 호흡량
　실험에 사용될 과일들을 각각 호흡량에 큰 차이가 있는 것들로 준비해야 했으며, 사과와 바나나같이 과일의 성숙 과정 중 호흡량이 현저하게 증가하는 것들을 고려하지 않았다.

　2. 보관 용기&방법
　보관 용기인 지퍼 백의 주요 구성 성분은 PVC(폴리염화비닐)로 산소 투과성이 매우 낮다. 호흡량에 따른 감자의 발아 속도를 측정하기 위해서는 지속적으로 산소가 공급되었어야 하나, 밀폐된 공간에서 산소를 공급받지 못해 감자가 발아하지 못하였다.

* 청과물 포장재의 기체투과성 탐구

II. 이론적 배경

가. 과일 속에 있는 다당류는 글루코오스로 과일 외부에 있는 산소와 화학적인 반응을 통해 이산화탄소로 변한다.

$$(Polysaccharide \xrightarrow{k_A} Glucose \xrightarrow{k_B} CO_2)$$

나. 과채류를 포장하여 저장하면 이산화탄소와 산소가 포장 재료인 고분자 필름을 통하여 통과되므로 포장 봉지 속 기체 농도는 변하게 된다.

다. 포장재 내부 기체 조성은 과채류 호흡으로 없어지거나 발생되는 양과 필름을 통해 들어오거나 나가는 양에 따라 달라진다.

라. 이산화탄소는 포장재 내 필름부분에서 외부 상자 쪽으로 확산이 이루어지고, 산소는 외부 상자에서 포장재 필름 내부 쪽으로 확산이 이루어진다.

III. 연구 과정-논문참고

1. 투과 실험 준비
가. 포장재 내에서 청과물은 산소 농도와 이산화탄소 농도에 감응해 호흡한다. 이 때문에 포장재 내부 기체 조성은 산소 농도는 감소하고 이산화탄소 농도는 증가하는 쪽으로 변화한다.

나. 포장재 필름 내부와 외부 사이에는 농도차가 생기고 이로 인해 필름을 통한 기체 투과가 일어난다.(포장필름을 통해 일어나는 투과현상은, 아래 과정으로 나누어진다)

1) 높은 농도 쪽 기체가 포장 필름 표면부로 용해되는 과정

2) 이 필름표면에 용해된 기체가 농도가 낮은 방향으로 분자 확산되는 과정

3) 농도가 낮은 공간으로 탈착되는 과정

다. 「(논문 참고)필름의 기체투과도를 실험하기 위해서는 먼저 상부 셀과 하부 셀 사이에 필름을 정확히 장착하고, 손잡이 형 볼트를 조작하여 완전히 밀폐시킨 후, 일정한 온도를 유지하고 있는 항온조에 담근다.

라. 일정한 온도가 유지되면 진공펌프를 사용하여 상부와 하부 셀이 진공이 되도록 하는데, 이때 보통 압력이 0.001atm 정도에서 진공이라 가정하였다.

마. 일정시간이 지날 동안 진공도가 정상 상태에 머무는 것을 확인한 다음 상부 셀에 일정 압력의 기체를 순간적으로 주입시켜 투과실험을 시작한다.

바. 이때 변화되는 상부와 하부의 압력은 투과도 계산에 사용하였다. 여기에서 사용하는 기체는 산소, 이산화탄소, 질소, 에틸렌 가스이며 온도는 20℃를 유지하였다.

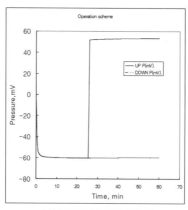

Fig. 6. Pressure response of permeability cell for a gas.

2. 포장방법

가. 포장봉지 밀봉방법과 저장방법

제조한 필름을 가로 25cm×세로 25cm로 절단하여 봉지로 만들고, 배 1개를 넣은 후 열 접착기를 이용하여 완전 밀봉하였으며, 가스 채취를 위하여 찰고무를 필름의 중간에 부착하여 격막으로 이용하였다. 이렇게 포장된 배를 다시 아크릴로 만들어진 상자에 넣어 상온 20℃, 상대 습도(RH)85~95%의 상태에서 저장하였다.

나. 포장봉지 속 기체 조성 측정

포장재 내 기체 조성 분석은 기체크로마토그래피(GC)를 이용하였다. 즉 GC 컬럼은 Carbo-sieveS-II, 검출기는 TCD, 수송기체는 He를 사용하였다. 컬럼의 온도는 35℃, 검출기의 온도는 250℃로 고정시킨 상태에서 측정하였다.

기체가 새지 않는 주사기를 사용하여 각 시료에서 채취한 기체를 1mL씩 GC에 주입한 다음 이로부터 얻은 크로마토그램으로 기체 조성을 분석하였다. 표준가스 조성은 산소, 질소, 이산화탄소, 일산화탄소를 함유하는 보정용 기체를 이용하였다. 표준가스가 컬럼 내에 머무는 시간과 비교하여 각각의 기체를 동정하고 이들의 크로마토그램 면적비를 기체 조성으로 나타내었다. 포장재의 기체 조성은 상압에서 밀봉시켜 포장한 포장구만을 대상으로 측정하였다.

다. 포장봉지 속 글루코오스 함량측정

배의 주요 유리당 중 하나인 글루코오스의 함량측정은 HPLC로 측정하였으며, 유리당의 분석에 사용한 컬럼은 Carbohydrate Analysiscolumn, 이동상은 증류수, 공급 속도는 0.5mL/min, 검출기는 IR을 사용하였다.

라. 필름의 기체 평형용해량 측정 결과

기체 용해량은 각각의 필름에 대해서 온도 20℃, C_2H_4가스를 사용하여 측정하였다. 셀 내의 압력이 평형을 이루고 있을 때, 압력을 단계별로 조금씩 올리는 Fig.20에 나타내었다. 그림에서 보는 바와 같이 셀 내의 압력이 정상상태에 이르고 난 후, 압력을 조금씩 올린다. 그 후, 셀 내의 압력이 평형에 도달할 때까지 기다렸다가 다시 압력을 좀 더 높이 올리게 되는데, 이때의 압력변화를 농도로 환산하고 그 차를 가지고 평형용해량을 계산하게 된다. 이를 반복 실험하게 되면, 이미 전 실험에서 용해된 양이 있기 때문에 이전 용해량을 더하면 그때의 용해량이 된다. 이 평형용해량 자료를 각 필름별로 최적화기법인 Simplex법을 사용하여 새로운 용해모델의 용해평형정수와 최대용해량을 구하는 MATLAB 프로그램에 대입하였다.

Ⅳ. 연구 결과

각 필름은 LDPE필름에 비해 N_2가스에 대해선 투과도가 높았으며 C_2, H_4

와 CO₂가스에 대해서는 C6필름과 AC60필름이 낮게 나타났다. AC30필름은 LDPE필름과 비교 시 O₂가스 투과도 증가량이 9.2%인데 비해 C₂H₄와 CO₂가스는 36.4%와 24.3%로 증가했다. 두께가 30㎛인 AC30필름과 60㎛인 AC60필름은 서로 두께가 달려 각각의 사용된 기체에 대한 투과도도 다르게 나타났다. 투과도는 온도와 압력에 따라 다르고 필름의 두께에 따라서도 다름을 알 수 있다. 특히 이산화탄소의 투과도가 높이 나타났으며, 산소나 에틸렌이 적게 나타났다. 각각의 필름에 대해 기체별 선택 투과비를 알아보면, 산소에 비해 이산화탄소가 4배~8배 정도까지 투과가 잘 되는 것으로 나타났다. 에틸렌 가스는 2~3배 정도, 질소는 더욱 적게 투과되고 있음을 알 수 있었다. 이를 이용하면 과채류 포장 시 포장 내의 기체 조성을 조절할 수 있을 것이다.

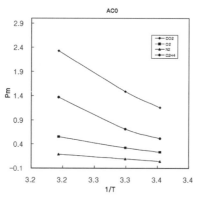

Fig. 16. Temperature dependency of the permeability of film AC0.
The temperature scale is inversied.

이상의 투과도, 선택투과도를 사용하면 선도 유지에 필요한 포장 내의 기체 조성을 조절할 수 있을 뿐만 아니라, 성숙 호르몬으로 작용하는 에틸렌 가스를 흡착하여 성숙되는 속도를 늦출 수 있게 된다. 포장하고자 하는 과채류별 포장재, 저장 온도와 저장조건에 따라 포장재를 설계할 수 있으며, 이를 이용하여 사용하면 사용자의 욕구에 따라 장기간 신선도를 유지할 수 있을 것이다.

필름의 기체 평형용해량 측정 결과 – 평형 용해량들은 세라믹 함량이 증가할수록 Sigmoid 형식으로 증가하고 있다. 용행 평형 정수는 세라믹 함량이 증가할수록 거의 선형적인 관계로 증가하고 있음을 알 수 있었다.

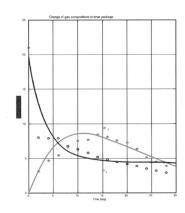

Fig. 26. The figure compares the result of computer simulation on real lines with actually measured dotted one, where the change in carbon dioxide is convex shaped line and the oxygen concave for packaged pear respiration during storage at 20℃.

포장재 내 기체 조성 변화 예측 가능–(주황–CO_2, 검정–O_2)

V.참고문헌

1. "목탄을 첨가한 sheet와 mold의 에틸렌 가스 흡착 = Ethylene gas adsorption of charcoal sheet and mold"(석사학위논문. 송제윤. 강원대학교. 2007), 7

2. "저온 저장고 발생 에틸렌 가스 제거용 허니콤 흡착제 개발"(석사학위논문. 오남훈. 전북대학교. 2004), 12

3. 도쿠에 치요코, 내 몸을 살리는 야채 과일(씽크스마트. 2010), 156

4. 오경숙. "감자의 녹색화와 Glycoalkaloids 축적에 미치는 광 조사와 온도의 영향"(학위박사논문. 위덕대학교. 2010), 16

5. 신선도 유지용 포장봉지 속 과일의 호흡모델—이용규

🔍 선배의 탐구보고서 의미 들여다보기

● 탐구보고서 작성 동기

한참 출하가 될 때 싼 가격으로 감자 1박스를 어머니께서 사셨다. 햇빛이 들어가면 안 된다고 하시며 박스 위에 신문을 덮어 놓으셨다. 하지만 몇 달이 지나고 그 감자는 다 먹지 못하고 싹이 나서 그냥 버려지는 경우를 보았다. 이때 그 감자를 "어떻게 하면 효과적으로 보관할 수 있을까?" 고민을 하게 되었다. 호르몬을 배우면서 식물 호르몬 중 에틸렌이 과일의 숙성을 도와준다는 내용을 보게 되었다. 더 자세한 내용을 알고 싶어 조사하였더니 식물도 동물처럼 균, 바이러스, 해충 등으로부터 자신을 보호하기 위해 솔라닌이라는 물질을 분비하는데 솔라닌은 열에 약하다는 것과 에틸렌 가스가 억제한다는 것을 알게 되어 직접 탐구하고 싶었다. 그래서 '호흡률과 포장재의 기체 투과성에 따른 과일의 숙성도'를 주제로 정하여 탐구하고자 했다.

● 탐구보고서 작성 과정

감자의 발아되는 정도를 확인하기 위해 감자와 과일을 지퍼팩에 넣고 두 달 동안 냉장고에 보관한 후 감자의 발아상태를 확인하는 실험을 설계하였다. 최초 발아된 감자와 마지막으로 발아된 감자의 시기 차이를 분석하는 과정이 포함되었다. 그런데 실험한 모든 감자가 발아되지 않아 문제점을 분석하였다. 그 결과

과일마다의 호흡량이 다른데 그 부분을 고려하지 않았고, 보관한 지퍼팩이 산소 투과율이 낮은 PVC라서 산소 부족으로 실험이 실패하였다는 것을 알게 되었다.

● **탐구보고서 작성 후 배운 점**

실험은 실패했어도 그 이유를 알고자 조사한 내용이 더 큰 도움이 되었다. 하지만 보고서를 제출해야 하는 시기가 얼마남지 않아 다시 실험을 하지 못했다. 그래서 앞으로 실험을 할 때는 좀 더 자세히 자료조사를 실시하여 실험설계를 하는 것이 중요하다는 것을 알게 되었다. 만약 다시 실험을 한다면 과일의 호흡량을 자세히 조사하고 지퍼팩 대신 신문으로 싸는 보관법으로 실험을 진행할 것이다.

그리고 청과물 포장제의 기체 투과성 탐구과제에서는 다양한 논문을 찾는 데 어려움이 있었지만 다양한 필름의 종류와 특징에 대해 알게 되었고, 각 필름의 기체 투과비율을 잘 활용한다면 장시간 신선도를 유지할 수 있는 포장재를 만들 수 있다는 것을 알게 되었다.

전기·전자계열

 제목 : 풍력발전의 원리와 그 효율

초록

　점점 사용 가능한 화석연료들이 고갈되어 가는 현재, 신재생 에너지의 개발은 필수적이다. 이러한 신재생 에너지에 흥미를 느껴 그중 풍력에너지에 대해 탐구했다. 풍력발전의 구조와 원리 그리고 발전 효율에 영향을 미치는 요인들을 조목조목 따져보고 이를 과학적으로 증명해나가는 것이 이번 논문의 핵심이다.

Ⅰ. 서론

1. 연구동기 및 목적

　물리 교과서에서 풍력발전 방식에 대한 내용을 접하게 되었다. 평소에 신재생 에너지에 관심이 많던 본 팀은, 이에 대해 흥미를 느끼게 되었다. 풍력발전의 전반적인 원리와 효율에 미치는 요인들에 대해 보다 자세히 알고 싶어 조사하게 되었다. 우리가 평소에 무심코 넘겼던 풍력발전기의 형태에 숨겨진 과학 원리를 탐구하고, 이를 과학적으로 증명하는 게 이번 조사의 목적이다.

II. 본론

가. 풍력발전

1. 풍력발전의 정의

바람이 가지고 있는 풍력에너지를 이용해 풍차를 회전시켜 구동력을 얻는 발전 방식을 풍력발전(wind power generation)이라고 한다. 풍력발전기는 이론상으로 바람에너지의 약 59.3%까지 전기에너지로 변환시킬 수 있지만, 현실적으로 날개의 형상에 따른 효율, 기계적 마찰, 발전기의 효율 등을 고려하면 실제로는 20~50% 수준이다.

2. 풍력발전의 장단점

1) 장점
- 무공해의 무한에너지
- 무인화 가능, 발전 단가 저렴함
- 설비비 외에 추가비용 필요하지 않음
- 건설기간이 짧음

2) 단점
- 높은 투자비 요구
- 바람이 항상 부는 입지 조건을 충족시키는 곳이 부족
- 블레이드의 회전에 의한 소음발생

3. 풍력발전의 구조

블레이드 : 바람에너지를 회전력으로 변환하는 날개

회전자 : 블레이드와 연결되어 회전력을 회전축으로 전달하는 장치

발전기 : 전달된 회전력을 전기에너지로 변환

타워 : 풍력발전기를 지지

피치 시스템 : 블레이드의 각을 조절

너셀 : 블레이드와 타워를 연결하는 엔진실

제어 시스템 : 풍력 발전기를 제어

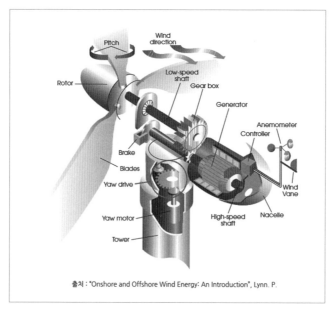

〈그림 1〉 풍력발전기의 구조

나. 풍력발전 효율성

1. 블레이드 개수

• 1-blade

바람의 흐름에 대한 방해가 가장 적고 출력이 높다. 또한 블레이드 개수가 적어 제작비용이 감소한다. 그러나 한 개의 날개로 두 개의 날개와 같은 출력을

얻기 위해서는 구조가 강하고 고속회전을 해야 한다. 이는 소음 문제와 직결된다. 또한 한쪽에 치우친 무게의 평형을 위해 다른 쪽에 무게를 맞춰야 한다.

• 2-blade

세 개의 날개를 사용하는 터빈에 비해 제작비용이 저렴하다. 그러나 바람의 방향이 변하면 동적 불안정이 발생한다.

• 3-blade

2-blade의 동적 불안정을 해소해준다. 날개 제작비용이 높지만 안정적으로 작동한다. 이러한 이유로 대부분의 중대형 풍력 터빈들이 3-blade 채택한다.

2. 풍속과 블레이드의 길이

바람은 질량을 가지는 유체이다.

운동에너지의 법칙에 따라서, 바람의 운동에너지=$(1/2)×$바람의 질량$×$풍속^{2}이다.

이때 밀도의 정의에 의해

$(1/2)×$바람의 밀도$×$통과하는 바람의 부피$×$풍속^2, 풍력 발전에 이용할 때의 바람이 한 일을 계산하려면, 단위 시간에 통과하는 바람의 부피를 구해야 한다. 바람의 부피는 바람이 통과하는 단면적 풍속에 의해 구할 수 있다.

여기에서 말하는 단면적이란, 풍력 발전기의 블레이드가 바람을 받는 면적이다.

바람의 부피=단면적×이동거리=단면적×풍속×시간

이를 위 식에 넣으면

바람이 한 일률(p)=(1/2)×단면적(m^2)×공기밀도(kg/m^3)×풍속(m/s)^3

1. 바람이 한 일은, 단면적에 비례한다.
회전 시에 단면적은 원의 형태이므로 블레이드의 길이의 제곱에 비례한다.

2. 풍속의 세제곱으로 비례한다.
'풍속의 세제곱으로 비례한다'의 의미는 다음과 같다. 풍속이 2배가 되면 바람의 파워는 8배로, 풍속이 3배가 되면 바람의 파워는 27배가 된다는 것을 말한다. 반대로 풍속이 절반으로 줄어들면 바람의 파워는 8분의 1이 되므로 바람의 풍속이 매우 중요하다.

III. 결론

1. 풍력발전의 효율성 극대
풍력 발전은 풍차의 직경 즉 블레이드 길이의 제곱에 비례하고, 풍속의 세제곱에 비례한다. 따라서 풍력발전의 효율을 높이려면 바람이 잘 부는 곳에 설치해야 하며, 블레이드의 크기가 클수록 좋다. 또한 구조적으로 안정할 수 있도록 3개의 블레이드가 삼각형을 이루게 하는 것이 좋다.

2. 연구의 의미와 느낀 점
탐구한 풍력발전 효율을 높이는 방법들은 매우 당연한 이야기다. 하지만 이를 과학적으로 증명했다는 점에 본 연구의 가치가 있다. 또한 무심코 지나쳤던 풍력발전기의 구조가 여러 과학적 사실이 융합된 구조라는 것도 배웠다. 주변 사물을 좀 더 세심하게 관찰하고 싶다는 생각을 갖게 되었다. 동료와 함께 연구하면서 얻은 협동심, 책임감은 이번 탐구의 부가적인 산물이기도 하다.

Ⅳ. 참고문헌

1. 교학사 물리Ⅰ. p.302
2. 네이버 지식in
3. 2009.11.20. 오피니언. 박수찬
4. 보누스, 풍력발전기 교과서

🔍 선배의 탐구보고서 의미 들여다보기

● 탐구보고서 작성 동기

물리 교과서에서 풍력발전 방식에 대한 내용을 접하게 되었다. 평소에 신재생에너지에 관심이 많아 이에 대한 흥미를 느끼고 풍력발전의 전반적인 원리와 효율에 미치는 요인들에 대해 보다 자세히 알고 싶어서 조사를 하게 되었다. 평소에 무심코 넘겼던 풍력발전기의 형태에 숨겨진 과학 원리를 탐구하고 이를 과학적으로 증명하고자 하는 호기심에서 시작되었다.

● 탐구보고서 작성 과정

다양한 자료를 이용하여 알기 쉽게 정리하려고 노력했다. 그리고 공학도라면 한번 생각해볼 수 있는 발전기의 구조도 살펴보면서 풍력발전을 위한 블레이드 개수에 따른 효율성과 풍속과 블레이드 길이를 계산했다. 결론적으로 풍력발전의 효율을 높이기 위해서는 바람이 잘 부는 곳에 설치해야 하기에 해안이나 높은 산에 설치된다는 것을 알게 되었다. 추가적으로 왜 구조적으로 3개의 블레이드가 삼각형 구조를 이루어야 하는지 설명하였다.

● **탐구보고서 작성 후 배운 점**

풍력발전 효율을 높이는 방법은 누구나 다 알고 있는 사실이다. 하지만 이를 과학적으로 증명한 것에 본 연구의 가치를 두고 싶다. 또한 무심코 지나친 풍력발전기의 구조가 사실 여러 과학적 사실에 융합된 결과라는 것을 알게 되었다. 주변 사물을 좀 더 세심하게 관찰하는 습관을 기르는 계기가 되었다. 동료들과 함께 연구해 나가면서 얻은 협동심, 책임감은 이번 탐구의 부가적인 산물이기도 하다.

📍 제목 : 시각 장애인들을 위한 기기에 대한 탐구
　　　　 – 초음파 센서를 이용한 지팡이를 중심으로

초록

　현 사회에서 장애인들을 위한 기기 연구는 계속되고 있으며 많은 장애인들이 기기를 사용하고 있다. 하지만 장애인들이 기기를 사용하는 데 많은 불편함이 있다. 이에 우리는 시각장애인들을 위한 특수 지팡이인 Ultra Cane에 대한 작동원리와 장단점을 찾아보았다. 이후 단점을 보완하고 장점을 살리기 위해 초음파 센서를 부착하고 프로그램을 제작하였다. 그리고 시각장애인들의 불편함을 덜고 편리하게 사용할 수 있는 지팡이를 제작하기로 하였다.

주요어(key words) : 하얀 지팡이, Ultra Cane, 초음파 센서, EV3

Ⅰ. 서론

　길을 가다 지팡이를 사용하는 시각장애인을 보았는데 길을 건너는 게 너무 위험해 보였다. 많은 시각 장애인들이 특수 지팡이가 아니라 아무 장치가 달려 있지 않은 하얀 지팡이[1]를 사용하고 있었다. 일반적인 지팡이도 장애물을 피할 수는 있지만 사용하기에 많이 불편하다. 예를 들어 장애물까지의 거리가 몇 미터나 떨어져 있는지 알 수 없다. 또한 시각장애인들이 길을 걸어 갈 때, 지팡이로 더듬으면서 가기 때문에 시간이 오래 걸린다. 이를 해결할 수 있을 만한 특

---

1) 시각 장애인들이 주로 사용하는 지팡이. 시각장애인의 사회적 보호와 안전 보장. 자립을 상징한다.

수 지팡이가 있을지 의문이 들어 찾아보았다. 검색 결과 Ultra Cane이라는 특수 지팡이가 있었다. 이에 우리는 Ultra Cane이라는 특수 지팡이의 작동원리와 장단점에 대해 연구하였다. 그 후 Ultra Cane의 단점을 보완하고 장점을 극대화하여 시각 장애인들이 더 편리하고 안전하게 사용할 수 있는 특수 지팡이를 제작하였다.

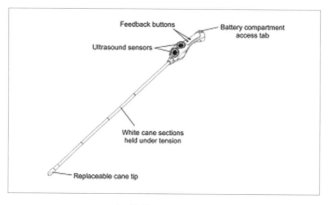

〈그림 1〉 Ultra Cane

II. 탐구 과정

1. Ultra Cane

울트라 케인은 지팡이 손잡이 부분에서 초음파[2]를 발사해 전방과 주위에 있는 물체를 인식할 수 있다. 3m 거리 내 무릎 높이의 물체는 모두 인식이 가능하다. 주위의 물체를 실시간으로 인식하고 위험한 상황이 발생하면 진동을 울려 즉시 알려준다. 이 원리는 시력이 안 좋은 박쥐가 동굴 속을 날아다닐 때, 혹은 먹이를 찾을 때 음파를 이용하는 원리와 유사하다.

---

2) 사람의 귀에 소리로 들리는 한계 주파수(20,000Hz)로 들을 수 없는 음파

가. 장점

장애물 인식 가능 거리가 3m로 길다. 또한 청각이 좋지 않거나 주위가 소란스러운 경우, 장애물 인식에 대해 진동으로 알려주며 가볍다는 장점이 있다.

나. 단점

Ultra Cane은 약 80만 원으로 비싸다. 또한 전방 3m 안에 있는 장애물들은 인식 가능하지만 얼마나 거리가 떨어져 있는지 모른다. 이러한 Ultra Cane의 장점을 살리고 단점을 보완하기 위해 우리는 초음파 센서와 프로그램 제작으로 특수 지팡이를 제작하였다.

2. 특수 지팡이 제작

가. 각 부분의 역할

1) 초음파 센서

초음파 센서는 초음파를 방사하여 물체로부터 반사되어 오는 반사파를 받을 때까지의 시간을 계측[3]한다. 그리고 계산된 거리 정보를 EV3로 보내는 역할을 한다. 이 초음파 센서는 최대 255cm까지 측정이 가능하다.

〈그림 2〉 초음파 센서

2) EV3

EV3는 초음파 센서가 보내준 신호를 소리로 출력하는 역할을 한다.

---

3) 물건의 길이나 넓이, 시간 따위를 재거나 계산함.

〈그림 3〉 EV3

나. 지팡이 제작 과정

Ultra Cane의 초음파 센서가 손잡이 부근에 부착되어 있어서 우리도 초음파 센서를 지팡이의 상단에 부착하고 실험을 해보았다.

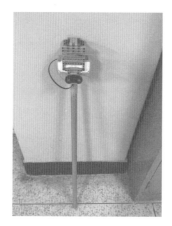

〈그림 4〉 상단에만 초음파 센서를 단 지팡이

1) 초음파 센서 부착(상단)

초음파 센서를 지팡이의 상단에 부착하였다. 이후 안정성 검사를 위해 장애물을 이용하여 실험을 했다. 그 결과 높은 곳에 위치하는 장애물들은 피할 수 있었지만 낮은 곳에 있는 장애물들의 위치를 파악하지 못해 부딪히기 쉬웠다.

낮은 장애물들에 부딪치는 것을 해결하기 위해서 초음파 센서를 상단에서 하단으로 옮겨 부착하는 것이 적합할 것이라고 생각했다. 또한 안정성 검사 중 지팡이가 자주 미끄러져 다칠 위험성이 있었다. 이를 해결하기 위해 마찰력을 높일 수 있는 테니스공을 지팡이의 하단에 붙였다.

〈그림 5〉 지팡이 안정성 검사를 하는 모습

2) 초음파 센서 부착(하단)

초음파 센서를 지팡이의 하단에 부착하였다. 그 후 안정성 검사를 실시하였다.

그 결과 낮은 곳에 있는 장애물들의 위치를 파악하여 피할 수 있었다. 하지만 초음파 센서가 하단에만 달린 지팡이는 높은 곳에 있는 장애물을 인식하지 못하고 부딪혔다. 이러한 문제점을 극복하기 위해서 상단과 하단 모두 초음파 센서를 부착하는 것이 좋겠다고 생각하였다.

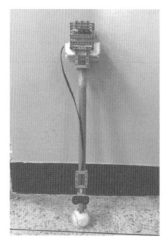

〈그림 6〉하단에만 초음파 센서를 단 지팡이　　　　〈그림 7〉안정성 검사를 하는 모습

3) 초음파 센서 부착(상단, 하단)

초음파 센서를 지팡이의 상단과 하단 모두에 붙였다.

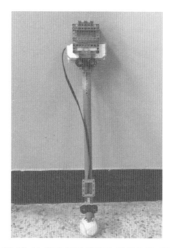

〈그림 8〉상, 하단 모두 초음파 센서를 단 지팡이

또한 장애물의 정확한 높낮이를 파악하기 위해 상단과 하단에서 장애물을 인식할 경우 각각 소리가 다르게 나오도록 설정했다.

상단에 있는 초음파 센서가 장애물을 인식할 경우 업(UP)소리가 나오게 설정하였다. 반면에 하단에 있는 초음파 센서가 인식할 경우에는 다운(DOWN)소리가 나오게 설정하고 안정성 검사를 실시하였다.

결과는 거의 모든 장애물들을 피할 수 있었다. 하지만 장애물들과의 거리에 상관없이 2m 안에 장애물이 있으면 소리가 계속 울려 구체적으로 장애물과의 거리를 알 수 없었다.

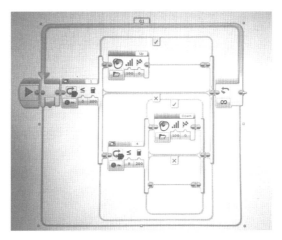

〈 그림 9 〉 2m 안에 있는 장애물의 위치에 따른 소리가 나도록 프로그래밍한 사진

4) 초음파 센서 부착(상단, 하단)+프로그램 제작

이러한 문제점을 해결하기 위해 자동차가 후진할 때 장애물에 가까워질수록 경고음이 자주 울리는 것에서 아이디어를 얻어 프로그램에 적용하였다. 거리가 가까워질수록 소리가 울리는 속도를 빠르게 프로그래밍하여 지팡이와 장애물이 떨어져 있는 거리를 알려주고자 하였다.

프로그램을 넣고 안정성 검사를 실시하였을 때 장애물들을 쉽게 넘을 수 있었다.

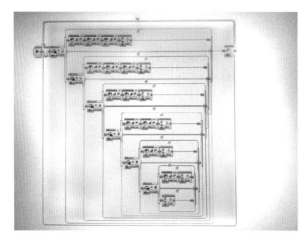

〈그림 10〉 거리에 따른 소리 횟수를 프로그래밍

3. 아쉬운 점

1) 본체와 초음파 센서를 연결하는 선의 길이가 짧아서 지팡이의 길이를 계속 줄이게 되었다. 결국 지팡이의 길이가 짧아져서 사용에 불편함이 있었다.

2) 지팡이의 손잡이를 레고를 이용해 만들다 보니 계속 잡고 있을 경우 손이 아팠다. 손잡이에다 고무를 달면 충분히 손이 아픈 것을 줄일 수 있었다.

3) 각기 다른 소리로 장애물의 높낮이를 파악할 수 있지만 청각이 좋지 않거나 주위가 소란스러운 경우에는 위치를 알기 힘들다. 이를 해결하기 위해 초음파 센서가 파악한 장애물의 위치를 진동으로 표현하고자 하였으나 적합한 기기가 없어 아쉬웠다.

4) 지팡이의 손잡이 부분과 밑 부분의 조립이 쉽고 전선 길이가 길어진다면,

지팡이의 길이도 조절 가능하여 더 편리하게 사용할 수 있다. 하지만 부품의 부족으로 이러한 점들을 보완할 수 없어서 아쉬웠다.

Ⅲ. 결론

이 특수 지팡이의 제작은 특수 장치가 있지 않은 지팡이의 기능을 향상하고, Ultra Cane의 단점을 보완하는 것에 의의가 있다. 또한 특수 지팡이를 제작하면서 미래에 시각장애인이 다른 활동을 하는데, 큰 지장이 없도록 작은 도움이 되고자 했다.

그리고 필요에 따라 지팡이에 초음파 센서 대신 다른 센서를 달 수 있게 제작했다. 추가적으로 필요한 센서들을 부착할 수 있어 사용자가 지팡이를 더 편리하게 이용할 수 있도록 만든 것이다.

하지만 재료의 한계로 인해 지팡이의 길이가 짧아졌다는 점과 진동으로 표현하지 못했다는 점 등 여러 가지 부족한 점이 있었다. 이를 해결하기 위해 더 가볍고 좋은 부품들을 사용한다면, 충분히 더 좋은 제품이 될 수 있을 것이다. 또한 제작비용을 낮출 수 있어 현재 나와 있는 제품보다 경제성과 효율성이 더 높아질 가능성이 있다.

참고 문헌

하얀지팡이의 날 | 작성자 칼잡이
[네이버 지식백과] 초음파 [Ultrasonic wave] (물리학백과, 한국물리학회)
네이버 사전
위키피디아

https://blog.naver.com/smartstreet/220164341868

https://www.ultracane.com/download/UltraCane%20User%20Guide%20
V1.6%20Jan2012-2.html

 선배의 탐구보고서 의미 들여다보기

● 탐구보고서 작성 동기

신호등 앞에 서 있는 시각장애인을 본 적이 있었다. 옆에 사람이 동행하고 있었지만 지팡이를 짚고 힘들어 하는 모습이 너무 위험해 보였다. 그래서 '장애물과의 거리를 측정할 수 있는 센서를 부착하면 어떨까'라는 생각을 하게 되었고, 혹시 발명이 되었다면 어떤 것이 있는지 궁금하여 조사하게 되었다. Ultra Cane 이라는 특수 지팡이를 알게 되어 그 지팡이의 장단점을 조사하여 단점을 보완할 수 있는 특수 지팡이를 친구들과 제작하고자 설계했다.

● 탐구보고서 작성 과정

먼저 Ultra Cane의 단점을 확인해 보면 가격이 비싸다는 점과 3m 안에 장애물이 있다는 인식은 가능하지만 그 장애물이 얼마나 떨어져 있는지를 판단하기는 힘들어 우리는 초음파 센서와 프로그램을 이용하여 그 단점을 보완하려고 했다.

먼저 초음파 센서의 위치를 상단과 하단에 부착하여 장애물을 인식하는 실험을 진행하였다. 결과는 예상한 대로 상단에 부착한 경우는 하단의 장애물을, 하단에 부착한 경우는 상단의 장애물을 인식하지 못하는 결과를 가져왔다. 그래서 상단과 하단에 동시에 부착할 필요성을 느끼게 되었다. 그리고 장애물이 어디 있는지 확인을 위해 소리를 달리하는 방법이 좋겠다고 생각했다. 하지만 장애물과 거리와 상관없이 소리가 계속 울리는 문제점이 발생하여 정확한 장애물 거리를 알 수 없었다는 점이 아쉬웠다. 그래서 프로그램을 제작하여 장애물과 가까워지면 경고음이 자주 울리게 실험을 설계하였다.

● **탐구보고서 작성 후 배운 점**

실험을 하고 난 후 아쉬움이 더 많았다. 특히 주위 환경에 따라 직접 설계한 지팡이가 역할을 잘 하지 못하는 경우가 생겨 보완이 필요했다. 하지만 직접 만들어 보고 활용하면서 시각장애인들에게 지팡이가 얼마나 소중한지 알게 되었고, 만약 대학에서 다시 지팡이를 만들게 된다면 경제성과 효율성을 보완하여 설계하고 싶다.

컴퓨터·SW계열

📍 **제목 : 유전 알고리즘 기반 문제해결 인공지능의 개발 및 적용**

초록

유전 알고리즘 통한 더 좋은 유전자의 추출

유전 알고리즘을 대입하기 쉬운 TCG 프로그램을 통해 더 좋은 유전자를 추출해내고, 이를 기반으로 다른 문제해결도 가능한 인공지능의 개발 및 적용을 목표로 연구하게 되었다.

유전 알고리즘은 존 홀랜드(Jonh Holland)가 1975년 저서 『Adaptation on Natural and Artificial Systems』에서 처음 소개한 기법이며, 실제 생물의 진화를 모방하여 문제를 해결하는 '진화 연산'의 대표적인 방법이다. 이것은 자연계의 유전학에 바탕을 둔다. 특히 다윈의 적자생존의 이론을 기본 개념으로, 유전자 프로그래밍을 통해 다양한 문제를 유전자들을 변화시켜 이해한다. 이 연구는 진화에 영향을 주는 유전자를 찾아 좋은 유전자를 추출할 수 있도록 기여하는데 목적을 두고 있다. 이처럼 더 좋은 유전자를 찾기 위한 진화를 모방한 탐색 알고리즘을 '유전 알고리즘'이라고 한다.

'다윈의 자연 선택설(진화론)을 컴퓨터에 적용시켜보면 어떨까?'라는 질문에서 연구가 시작되었다. 진화론을 알고리즘에 적용하여, 1세대부터 4세대까지 동일한 알고리즘을 통해 어떻게 진화되고 있는지를 알아보고자 했다. 총 0회의 유전자를 조작하는 실험을 통해 우수한 유전자가 전해지고 있다는 것을 알게 되었다. 실험 결과로 세대마다 우월한 유전자가 평균적으로 전달되는 비율을 확인해

보면, 1세대 평균 32%, 2세대 평균 47%, 3세대 평균 60%, 4세대 평균 75%로 점점 우월한 개체를 배출하면서 자연 선택됨을 확인할 수 있었다.

I. 서론

1. 연구 동기 및 목적

(1) 연구 동기

『UN 2050미래보고서』에서 4차 산업혁명으로 발전한 미래에는 빅데이터, 사물 인터넷, 기계 학습 등이 주를 이룰 것이라 했다. 이것이 꽤나 인상 깊어 관련 논문 등을 찾아보기도 했는데, 당시 생명 시간에 다윈의 자연 선택설(진화론)을 배웠던 것과 연관지었다. '만약 이러한 진화 과정을 컴퓨터에 적용시킨다면 어떻게 될까?'라는 발상이 해당 연구를 진행하게 한 것이다. 실제로 이러한 '유전 알고리즘'에 관한 선행 연구는 이미 몇 가지 보고된 바 있었고, 그 가운데 유전 알고리즘을 물리 엔진에 적용해 이용한 연구도 있었다.

(2) 연구 목적
1) 진화론을 기반, 유전 알고리즘 구성
2) 개발된 유전 알고리즘 기반, 기계학습법 구성
3) 개발된 기계학습법을 토대로 학습하는 인공지능 개발

(3) 연구 과정
1) 유전 알고리즘을 거친 인공지능의 자체적인 기계 학습법 개발
2) 이러한 기계 학습을 통해 스스로 성장하는 인공지능의 개발 및 문제 상황

에 적용

II. 이론적 배경

연구의 밑바탕이 되는 유전 알고리즘은 존 홀랜드(Jonh Holland)가 1975년 저서 『Adaptation on Natural and Artificial Systems』에서 처음 소개한 기법이다. 실제 생물의 진화를 모방하여 문제를 해결하는 '진화 연산'의 대표적인 방법이다. 이것은 자연계의 유전학에 바탕을 두는데, 특히 다윈의 적자생존 이론을 기본 개념으로 한다. 여기에서 파생된 유전자 프로그래밍은 문제에 대해 가능한 해(답)들을 나열한 뒤, 점점 유전자들을 변화시켜 정확도가 높은 해들을 찾아낸다. 이때 여러 해들을 '유전자'라 부르고, 유전자들을 변화시켜 좋은 해를 찾아내는 것을 '진화'라 부른다. 이것이 더 좋은 해를 찾아 가기 위한 진화를 모방한 탐색 알고리즘을 '유전 알고리즘'이라고 한다.

III. 연구 과정

1. 준비 과정

(1) 유전 알고리즘의 개발

유전 알고리즘에 필요한 소스는 TCG 프로그램을 통해 세대별 우수 유전자의 전달된 결과를 확인하는 것으로 한다. TCG는 유전 알고리즘의 직관적인 대입이 가능한데, 이는 TCG에서 존재하는 총 30가지의 다양한 유전자를 활용하여 유전자 풀의 변화를 주었다. 또한 온라인이라는 환경적인 영향을 적게 받는 조작변인으로 인해 결과를 얻기 쉬웠다. 그리고 다른 연구자들의 선행 연구와의 비교 분석을 통한 피드백이 수월하다는 장점이 있다.

(2) TCG

TCG 프로그램은 총 5명, 200회 프로그램을 가동하여 소요되는 시간이 200 시간이었다. 또한 유전자의 우월성을 확인하기 위한 방법으로 TCG 프로그램을 활용하였으며, 이를 분석하는 데 총 48시간이 소요되었다. 때문에 프로그래머들 은 이를 프로그램할 때 개인당 총 50시간 정도 할애하여 프로그램을 가동하였으 며, 다양한 유전자 풀을 형성하기 위해 상당히 많은 팀 토의활동을 하였다.

이런 요소들을 인공지능에 적용하여 인공지능 자체의 기계 학습을 목표로 하 는 것이 연구의 초점이다. 당연하게도, TCG 프로그램은 프로그래머가 직접 변 화를 주어 결과를 도출한다. 스스로 학습하지 못하기 때문에 더 많은 데이터를 얻는 데 어려움이 있었다. 이 연구를 진행하면서 가장 아쉬운 요소로 남았다.

(3) 실험 설계

실험은 다음과 같은 과정을 거친다.

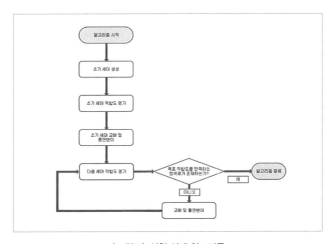

〈그림 1〉 실험 설계 알고리즘

2. 실험 과정

(1) 개요

1. 10개의 무작위 유전자를 선택하여 이를 "제 1세대"라고 칭한다.

2. 만들어진 유전자의 모든 프로그램에는 규칙에 따라 정해진 세 자리 수 번호를 부여한다. 번호가 부여된 각각의 카드들은 오름차순으로 정렬하며, 다음 세대에서 만들어질 유전자도 이와 동일한 규칙을 따른다.

3. 만들어진 10개의 무작위 유전자를 이용하여 프로그래머당 1세대는 네 번, 2세대부터는 세 번씩 코딩하여 기록한다.(이때 1세대 유전자는 네 번, 2세대 유전자부터는 세 번씩 플레이한다.)

4. 승률이 가장 높은 네 개의 유전자를 뽑아 "제 2세대"에 포함시킨다. 남은 6개 유전자는 선발된 네 개 유전자를 두 개씩 짝지어 조합하여 만들어낸다.(4C2 = 6)

5. 조합으로 만들어진 6개 유전자 중 1개의 유전자를 무작위로 선택하여, 해당 유전자에 포함된 코딩을 무작위로 실시한다. 이때 바꾸어진 유전자는 '돌연변이'유전자로 한다. 이후 만들어질 세대에 해당될 모든 유전자는 위와 동일하게 진행된다.

(2) 세부 사항

① 초기 유전자를 만드는 방식

– 초기 개체의 돌발진화 유전자는 0~2코스트 10장, 3~4코스트 12장, 5~6코스트 6장, 7~10코스트 2장, 총 30장의 유전자로 구성된다. 이때, 구성된 유전자는 모두 TCG 프로그램(이하 하스스톤 유전자 156 경우 중에서만 선택하였다. 하스스톤에는 총 9개의 특색 있는 직업이 있고, 각 직업별로 유전자와 특수능력이 다

르다. 그 중 '마법사' 직업이 가장 범용성이 높아 실험에 적합하다고 판단했다. 그래서 마법사 직업의 유전자로 실험하였다.)

② 카드 번호 부여 방식

모든 카드의 번호는 백의 자리에 코스트를 기재하고, 이하 일의 자리에 1부터 숫자를 써 나가며 나열한다.

ex) 10코스트, 1번째 카드라면 해당 유전자의 일련번호는 1001이 된다. 3코스트, 16번째 카드라면 해당 카드의 일련번호는 316이 된다.

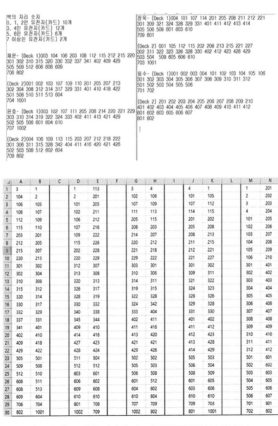

〈그림 2〉 10개 유전자의 카드에 일련번호를 부여한 모습

③ 조합을 이용한 6개 유전자를 만드는 방식 – 교배 알고리즘

1세대 유전자의 승률과 위 과정을 통해 만들어지는 다음 세대의 유전자 즉, '자녀 유전자'를 추출하기 위해서 교배 함수가 사용된다. 초기 유전자에서 가장 승률이 높았던 네 개의 유전자가 뽑히고 나면, 그 중 2개 유전자의 카드 번호를 모두 세로로 나열하고 그 옆에 엑셀의 RAND 함수를 이용하여 0~1 사이의 임의의 난수를 기재한다. 이때 같은 행에 있는 두 개의 유전자 중 임의로 지정된 난수 값이 더 큰 것을 선택하여 자녀 유전자에 포함시킨다.

덱1	난수	덱2	난수		자녀 덱
120	0.179125	111	0.127166		120
140	0.1209	135	0.270621		135
169	0.745851	154	0.155318		169
201	0.638377	202	0.665347		202
210	0.024866	221	0.086976		221
220	0.449736	235	0.694274		235
369	0.11537	351	0.267441		351
390	0.772596	387	0.449129		390
495	0.143549	458	0.507316		458
496	0.257839	487	0.221399		496
500	0.532849	521	0.658685		521
512	0.944806	530	0.547584		512
534	0.585514	550	0.638012		550

〈그림 3〉 RAND 함수의 사용 예시

ex) 2개 유전자가 있다. 4번째 행을 예시로 들어보자. 유전자 1의 201번 카드의 난수 값은 0.638…. 유전자 2의 202 카드의 난수 값은 0.665…이다. 유전자 2의 202번 카드의 난수 값이 더 높으므로 자녀 유전자에 포함되는 경우는 유전자 2의 202번 카드가 되는 것이다.

④ 다음 세대 유전자 설계 시 참고 사항

만약, RAND 함수를 통한 유전자 교배 시에 한 세대에 동일한 유전자가 3장 이상 나올 시(하스스톤에서는 동일한 유전자를 최대 2장까지만 넣을 수 있다.)엔 3번

째로 동일한 유전자가 나온 시점에 그 옆에 있는 다른 유전자로 구성한다.

구성된 세대의 명칭을 정할 때엔 이전 세대에서 다음 세대 그대로 내려온 세대는 다시 a, b, c, …의 명칭으로 바꾼다. RAND 함수를 통해 교배한 세대가 이루어진 세대의 두 명칭을 합쳐 명명한다. 각 세대를 구분하기 위해 세대 명칭의 끝에는 해당 유전자의 숫자를 붙인다.

ex) 이전 세대에서 d1유전자가 그대로 내려왔다면, 다음 세대에선 a2유전자로 명칭이 바뀐다. c1유전자와 e1유전자를 교배해서 나온 새로운 세대는 ce2유전자로 명명한다.

(3) 1세대 유전자

위에서 정한 틀에 맞추어 1세대를 구성하였다. 구성된 10개 유전자는 a1, b1, …, i1, j1 의 명칭을 붙였다. 이 유전자를 이용하여 조원 한 명이 1개 코딩당 4번, 총 40번을 플레이하고, 5명의 조원이 이와 같은 작업을 진행하면 결과적으로 200번의 플레이 횟수가 나오게 된다. 이는 200번의 다양한 실험 결과를 얻을 수 있다. 플레이의 결과는 다음과 같다.

A	B	C	D	E	F	G	H	I	J	K
Win	Win	Win	Win	Win	Win	Win	Win	Win	Win	
Win	Win	Win	Win	Win	Win	Win	Win	Win	Win	
Win	Win	Win	Win	Win	Win	Win	Win	Win	Win	
Win	Win	Win	Win	Win	Win	Lose	Win	Win	Win	
Lose	Win	Win	Win	Win	Win	Lose	Win	Lose	Win	
Lose	Lose	Win	Win	Win	Win	Lose	Win	Lose	Lose	
Lose	Lose	Win	Win	Win	Win	Lose	Lose	Lose	Lose	
Lose	Lose	Win	Win	Lose	Win	Lose	Lose	Lose	Lose	
Lose	Lose	Lose	Win	Lose	Win	Lose	Lose	Lose	Lose	
Lose	Lose	Lose	Win	Lose	Lose	Lose	Lose	Lose	Lose	
Lose	Lose	Lose	Win	Lose	Lose	Lose	Lose	Lose	Lose	
Lose	Lose	Lose	Win	Lose	Lose	Lose	Lose	Lose	Lose	
Lose	Lose	Lose	Lose	Lose	Lose	Lose	Lose	Lose	Lose	
Lose	Lose	Lose	Lose	Lose	Lose	Lose	Lose	Lose	Lose	
Lose	Lose	Lose	Lose	Lose	Lose	Lose	Lose	Lose	Lose	
Lose	Lose	Lose	Lose	Lose	Lose	Lose	Lose	Lose	Lose	
Lose	Lose	Lose	Lose	Lose	Lose	Lose	Lose	Lose	Lose	
Lose	Lose	Lose	Lose	Lose	Lose	Lose	Lose	Lose	Lose	
Lose	Lose	Lose	Lose	Lose	Lose	Lose	Lose	Lose	Lose	
Lose	Lose	Lose	Lose	Lose	Lose	Lose	Lose	Lose	Lose	
4/20	5/20	8/20	12/20	7/20	9/20	3/20	6/20	4/20	5/20	승/전체 횟수
20%	25%	40%	60%	35%	45%	15%	30%	20%	25%	승률

〈그림 4〉 1세대 유전자 최종 승패 및 승률

위 그림과 같이 d1유전자 60%의 가장 높은 승률을 보였고, 이하 높은 승률을 보인 c1, e1, f1의 총 4개 유전자가 자녀 유전자로 선정되었다.

(4) 2세대 유전자

1세대 유전자에서 선발된 4개 유전자와 이것의 RAND 함수를 통해 새로이 나온 6개 유전자, 그리고 그 중 하나에 포함된 돌연변이 유전자로 2세대 유전자(자녀 유전자)를 구성하였다.

2세대 유전자부터는 위에서도 언급했다시피, 조원 한 명이 1개 코딩당 3번, 총 30번을 플레이하고, 5명의 조원이 이와 같은 작업을 진행하여 이번에는 150번의 플레이 횟수가 나오게 된다. 이리하여 2세대 유전자에서는 c2, ab2, bd2, cd2의 4개 유전자가 가장 높은 승률을 보여 자녀 유전자에 포함될 확률이 높아지게 된다.

A	B	C	D	AB	AC	AD	BC	BD	CD	CG
Win	Win	Win	Win	Win	Win	Win	Win	Win	Win	
Win	Win	Win	Win	Win	Win	Win	Win	Win	Win	
Win	Win	Win	Win	Win	Win	Win	Win	Win	Win	
Win	Win	Win	Win	Win	Win	Win	Win	Win	Win	
Win	Win	Win	Win	Win	Win	Win	Win	Win	Win	
Win	Win	Win	Win	Win	Win	Win	Lose	Win	Win	
Win	Win	Win	Win	Win	Win	Win	Lose	Win	Win	
Win	Win	Lose	Win	Win	Win	Lose	Lose	Win	Win	
Lose	Win	Lose	Win	Win	Win	Lose	Lose	Win	Win	
Lose	Win	Lose	Lose	Win	Win	Lose	Lose	Win	Lose	
Lose	Win	Lose	Lose	Win	Lose	Lose	Lose	Win	Lose	
Lose	Win	Lose	Lose	Lose	Lose	Lose	Lose	Win	Lose	
Lose	Lose	Lose	Lose	Lose	Lose	Lose	Lose	Win	Lose	
Lose	Lose	Lose	Lose	Lose	Lose	Lose	Lose	Win	Lose	
Lose	Lose	Lose	Lose	Lose	Lose	Lose	Lose	Win	Lose	
Lose	Lose	Lose	Lose	Lose	Lose	Lose	Lose	Lose	Lose	
Lose	Lose	Lose	Lose	Lose	Lose	Lose	Lose	Lose	Lose	
Lose	Lose	Lose	Lose	Lose	Lose	Lose	Lose	Lose	Lose	
Lose	Lose	Lose	Lose	Lose	Lose	Lose	Lose	Lose	Lose	
Lose	Lose	Lose	Lose	Lose	Lose	Lose	Lose	Lose	Lose	
8/20	12/20	7/20	9/20	11/20	10/20	7/20	5/20	15/20	9/20	승/전체 횟수
40%	60%	35%	45%	55%	50%	35%	25%	75%	45%	47%

〈그림 5〉 2세대 유전자 최종 승패 및 승률

(5) 3세대 유전자

3세대 유전자는 2세대 구성 과정과 동일한 방식으로 진행하였다. 3세대 유전자에서는 d3, ab3, ad3, cd3의 4개 유전자가 가장 높은 승률을 보여 자녀 유전자에 포함될 확률이 높아지게 된다.

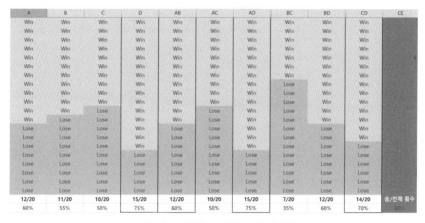

〈그림 6〉 3세대 유전자 최종 승패 및 승률

(6) 4세대 유전자

4세대 유전자는 2, 3세대 구성 과정과 동일한 방식으로 진행하였다.

A	B	C	D	AB	AC	AD	BC	BD	CD	CE
Win	Win	Win	Win	Win	Win	Win	Win	Win	Win	
Win	Win	Win	Win	Win	Win	Win	Win	Win	Win	
Win	Win	Win	Win	Win	Win	Win	Win	Win	Win	
Win	Win	Win	Win	Win	Win	Win	Win	Win	Win	
Win	Win	Win	Win	Win	Win	Win	Win	Win	Win	
Win	Win	Win	Win	Win	Win	Win	Win	Win	Win	
Win	Win	Win	Win	Win	Win	Win	Win	Win	Win	
Win	Win	Win	Win	Win	Win	Win	Win	Win	Win	
Win	Win	Win	Win	Win	Win	Win	Win	Win	Win	
Win	Win	Win	Win	Win	Win	Win	Win	Win	Win	
Win	Lose	Win	Win	Lose	Lose	Win	Lose	Win	Win	
Win	Lose	Win	Win	Lose	Lose	Win	Win	Win	Win	
Win	Lose	Win	Lose	Lose	Lose	Win	Lose	Lose	Lose	
Lose	Lose	Lose	Lose	Lose	Lose	Lose	Lose	Lose	Lose	
Lose	Lose	Lose	Lose	Lose	Lose	Lose	Lose	Lose	Lose	
Lose	Lose	Lose	Lose	Lose	Lose	Lose	Lose	Lose	Lose	
Lose	Lose	Lose	Lose	Lose	Lose	Lose	Lose	Lose	Lose	
Lose	Lose	Lose	Lose	Lose	Lose	Lose	Lose	Lose	Lose	
Lose	Lose	Lose	Lose	Lose	Lose	Lose	Lose	Lose	Lose	
Lose	Lose	Lose	Lose	Lose	Lose	Lose	Lose	Lose	Lose	
15/20	12/20	15/20	14/20	12/20	11/20	15/20	12/20	13/20	14/20	승/전체 횟수
75%	60%	75%	70%	60%	55%	75%	60%	65%	70%	75%

〈그림 7〉 4세대 유전자 최종 승패 및 승률

IV. 결과

'다윈의 자연 선택설(진화론)을 컴퓨터에 적용시켜본 결과 진화를 통해 우월한 유전자가 유전될 확률이 높아짐을 확인할 수 있었다. 그래서 유전적 다양성이 감소하지만 좋은 유전자가 유전되어 생명을 유지하는 데 더 이로운 조건이 되었다는 것을 알 수 있었다.

특히, 진화론을 알고리즘에 적용한 '유전 알고리즘'은 다양한 조건의 변화에서 우리 인체의 영향을 확인하는 데 도움받을 수 있다는 생각이 들었다. 이는 제약과 줄기세포 치료 등 다양한 생명공학 기술에 활용성이 더욱 높아질 것으로 생각되었다.

이번 실험의 결과로 1세대부터 4세대까지 동일한 알고리즘을 통해 진화되면서 우수한 유전자가 전달되는 경우가 '1세대 평균 32%, 2세대 평균 47%, 3세대 평균 60%, 4세대 평균 75%'로 높아졌다는 것을 확인할 수 있었다.

참고 문헌

[1] 박영숙, 제롬 글렌. (2016). 유엔미래보고서 2050. 교보문고, PART2-4, 9, PART3-6, PART4-1.

[2] 심규철. (2016). 고등학교 생명과학 I. 비상교육, 2단원 유전.

[3] 고인석. (2016). 인공지능이 가져올 4차 산업혁명 물결. Electric Power, 10(9), 6-6.

[4] 김지원, 표현아, 하정우, 이찬규, 김정희. (2015). 다양한 딥러닝 알고리즘과 활용. 정보과학회지, 33(8), 25-31.

[5] 지영민, 유준재, 이상학. (2017). IoT, 빅데이터 그리고 인공지능. 정보과학

회지, 35(7), 43-50.

[6] 김영상, 유성민. (2017). 4차 산업혁명과 IoT-A.I 플랫폼. 한국정보기술학회지, 15(1), 1-7.

 선배의 탐구보고서 의미 들여다보기

● 탐구보고서 작성 동기

『UN 2050미래보고서』 책을 읽고, 생명시간에 다윈의 자연선택설(진화론)을 배웠던 것과 연관지어 '만약 이러한 진화과정을 컴퓨터에 적용시킨다면 어떻게 될까?'라는 발상이 해당 연구를 진행하게 되었다. 실제로 '유전 알고리즘'에 관한 선행연구는 보고되었지만 그 가운데 유전 알고리즘을 물리엔진에 적용해 이용한 연구도 있어 이 방법을 이용하여 시뮬레이션을 해보고 싶어 과제연구 주제로 정하게 되었다.

● 탐구보고서 작성 과정

5명의 친구들이 10회씩 하였더니 2세대까지는 확인할 수 있었지만, 그 이후 세대까지 확인하는 데 한계가 있어 총 200회의 프로그램을 가동하게 되었다. 조합으로 만들어진 6개 유전자 중 1개의 유전자를 무작위로 선택하여, 해당 유전자에 포함된 코딩을 무작위로 실시하였다. 이때 바꾸어진 유전자를 '돌연변이' 유전자로 지정하고 지속적인 프로그램을 가동하여 다양한 상황 속에서 자연선택설을 만족시킬 수 있는지 알아보는 탐구활동이었다. 중간발표를 진행하면서 선생님께서 직접 실험하지 않는 게임으로 하는 것이 뭔 탐구냐 하시면서 이해가 되지 않는다는 이유로 낮은 점수를 받았던 점이 가장 속상했다. 이후 지속적인 탐구와 통계 프로그램까지 활용하여 결과를 얻고 이를 이해하기 쉽게 보고서와 PPT를 만들었던 것이 가장 힘들었다. 힘들었지만 컴퓨터 프로그램을 통해 자연 선택설이 맞다는 것을 알게 된 유익한 시간이었다.

● 탐구보고서 작성 후 배운 점

'다윈의 자연 선택설(진화론)을 컴퓨터 알고리즘에 적용한 '유전 알고리즘'은 다양한 조건의 변화에서 우리 인체의 영향을 확인하는 데 도움받을 수 있다는 것을 알게 되었다. 그래서 최근에 생물통계에 대한 연구가 많이 진행되고 있다는 것을 이해할 수 있게 되었다. 이런 노력이 쌓이다 보면 인공지능을 활용하여 제약과 줄기세포 치료 등 다양한 생명공학 기술을 더욱 발전시킬 수 있을 것이라는 확신을 가지게 되었다. 중요한 것은 이 탐구활동을 통해 로봇공학자에서 소프트웨어 공학자로 진로가 변경된 뜻깊은 활동이었다는 것이다.

제목 : 장애인 거주시설에서 장애인과 사회복지사 사이의 '스마트 핫라인' 구축에 관한 연구

목차

1. 연구개요

가. 연구 동기

연구 주제를 찾고 있던 중 본 연구자들은 학교 인근의 장애인 거주시설에 봉사활동을 갔다가 관계자에게 장애인 거주 시설에서 '인터넷이 되지 않는 사물에 인터넷이 연결된다면 좋을 만한 것이 없을까'라며 질문을 드렸다. 하지만 돌아온 답변은 충격적이었다. 현재 대한민국 내 많은 장애인 거주시설 중엔 오래되고 노후화된 곳이 많아 응급 상황이 발생하였을 때 신속한 대처가 어렵다는 것이었다. 게다가 정부의 부족한 예산 지원으로 인하여 경보 시스템의 구축을 진행하거나 건물 재건축을 진행하기도 어려운 상황이라고 하였다.

우리는 이러한 상황에 조금이라도 보탬이 되고자 고민하였고, 라즈베리파이를 이용한 통신시스템의 구축으로 쉽게 해결할 수 있지 않을까 하여 이 연구를 진행하게 되었다.

나. 장애인 거주시설에 대한 문제점 통계조사

장애인시설 관계자의 말에 대한 근거를 찾기 위해 관련 자료를 조사해보니 해가 갈수록 장애인 시설에 등록하는 지체 장애인 수가 증가하는 것에 반해 정부의 장애수당 예산액은 줄어드는 것을 볼 수 있었다. 이러한 현상은 장애인 복지 시설로 가는 정부 지원금이 점점 줄어들고 있다는 뜻이며, 시설에서 활동하는 사회복지사의 수도 충분하지 못하다는 것을 의미한다. 따라서 이 상황은 시설에 거주하는 모든 장애인을 사회복지사가 전부 신경을 쓸 수가 없다는 실정을 반영한다고 볼 수 있다. 우리는 이러한 문제점을 해결하기 위해 부족한 예산으로 어려워하는 수많은 장애인 복지 시설을 돕기 위한 시스템을 기획, 구상 및 연구를 진행하기로 하였다.

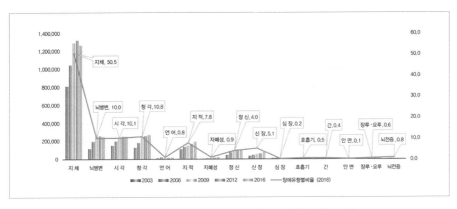

〈그림 1〉 등록장애인 수 및 장애인구 비율 - 장애유형별(2016년)

다. 선행기술조사

연구를 본격적으로 진행하기에 앞서 국내 학술논문 사이트들에서 이 연구의 선행기술조사를 해보았고, 본 연구와 방향이 비슷한 다른 연구들을 찾아보았다.

〈그림 2〉 선행기술조사 및 유사연구 탐색

논문 탐색에는 '구글 학술검색', 'KSI 학술 데이터베이스', '국립중앙도서관', '국회전자도서관', '국가지식포털', 'DBPia'를 이용하였으며 탐색 과정 중 유일하게 우리와 연구 목적과 방향이 비슷한 "라즈베리파이 기반의 긴급 상황 인식시스템에 관한 연구(광운대학교 대학원, 임동혁)"를 찾을 수 있었다.

하지만 우리는 영상 스트리밍과 센서의 연동을 통한 장애인 복지시설에서의 사회복지사 호출 시스템에 중심을 두었다면, 위 연구는 무선통신을 위주로 긴급 상황을 인식하는 기능 자체에 중심을 두었기 때문에 많은 부분이 분명히 다름을 밝힌다.

라. 연구 계획 및 메인 시스템 구상

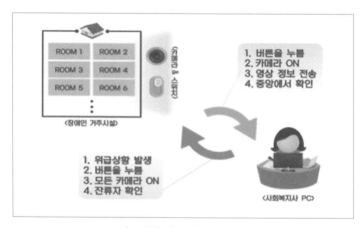

〈그림 3〉 메인 시스템 흐름도

〈그림 3〉은 이번 연구에서 구상한 전체적인 작동 과정의 진행을 나타내는 흐름도이다. 이 연구에서 구현하고자 하는 가장 기초적인 기능은 장애인 측에서 영상정보 송신 요청 시, 중앙사무실 PC에서 이를 확인하여 영상 스트리밍을 켜고 장애인의 상태를 점검한 다음, 직접 출동 또는 장애인의 증세를 관찰하면서

사회복지사로 하여금 피드백을 받는 시스템이다. 예를 들어, 각 ROOM에는 라즈베리파이가 설치되어 있고, 각각의 라즈베리파이에는 파이카메라와 스위치(버튼)가 연결되어 있다. 만약 ROOM 1에서 장애인으로부터 영상정보 송신을 요청받았을 경우(장애인이 사회복지사가 필요하다고 판단하여 버튼을 누른 경우, 사회복지사를 호출할만한 위급한 상황이 발생했을 경우) 다음과 같은 작업이 진행된다.

1) 버튼을 누르면
2) 버튼으로부터의 입력값이 참(True)이므로, 조건문에 의해 파이카메라가 ON 되고
3) 파이카메라로부터 입력받은 영상정보를 실시간으로 중앙사무실 PC에 전송한다.

또한 이 연구에서 구현하고자 하는 두 번째 기능은 위급상황이 발생하였을 때 중앙사무실 PC 측에서 정보 송신을 요청하면 모든 거주 공간의 장애인 잔류상태를 실시간으로 파악하는 시스템이다. 예를 들어, 위와 같이 하드웨어가 설치되어 있는 상태에서 화재가 발생하였다고 가정한다. 사회복지사는 모든 거주공간을 확인하고 대피하지 못한 잔류자를 파악해야 한다. 따라서 이 과정은 위와 반대로 중앙사무실 PC 쪽에서 영상정보 송신을 요청하는 형태일 것이며, 다음과 같은 작업이 진행된다.

1) 중앙사무실 PC에서 위급상황 버튼을 누르면
2) 버튼의 입력값이 참(True)이므로 조건문에 의해 모든 ROOM의 파이카메라가 ON 되고,
3) 사회복지사가 각 ROOM별 잔류자 상황을 실시간으로 파악한다.

기초적인 흐름과 구성 단계 등은 위와 같이 매우 간단할 수 있다. 하지만 복잡한 기능과 지나친 편리성을 추구하는 현재의 추세와는 다르게 단순하고 직관적인 인터페이스를 구성하고, 복잡하지 않고 간결한 방법으로 정보를 송수신함으로써 더욱 완벽한, 진정으로 스마트한 핫라인을 구축할 수 있을 것이다.

마. 연구 일정 및 흐름

연구하기에 앞서 본 연구자들은 장애인 거주시설로 학교 인근의 '전북혜화학교'를 방문하고 사회복지사 분들로부터 현재의 심각한 상황과 실정에 관해 설명을 들었다. 사전 답사를 통해 구축된 네트워크 시스템과 필수적인 기능 요소에 대해 정확히 파악하였고, 이번 연구를 구상하게 되었다.

이후에는 위에서 언급했던 것과 같이 전체적인 동작 흐름에 대해 구상하고 작은 기능부터 차근차근 구현해나갔다. 먼저 라즈베리파이의 브레드보드 구성과 셸 스크립트 언어를 학습한 후에 셸 스크립트 언어로부터 라즈베리파이를 제어하는 과정을 숙지하였고, 인터넷 네트워크상에 널리 알려진 기능을 구현해보고 우리가 추가로 구현해야 하는 것들을 더해가며 실험을 진행하였다.

이렇게 차근차근 완료되어가는 연구는 지속해서 전북혜화학교와 소통하여 피드백을 주고받을 것이며, 그들의 의견을 반영하여 연구 발전에 더욱 힘쓸 것이다. 〈표1〉은 연구가 진행되어야 할 과정을 요약한 것이다.

〈표 1〉 연구 일정

순	중심 내용	장소
1	장애인 거주시설 사전 답사	전북혜화학교
2	연구계획 & 통신시스템 개발과정 구상	본교 정보과학실
3	기초 이론 연구 (라즈베리파이, 셸 스크립트 언어)	본교 정보과학실

4	〈연구 진행〉	본교 정보과학실
	영상 스트리밍	
	버튼을 통한 입출력 회로 실험	
	센서를 통한 입출력 회로 실험	
5	장애인 복지사로부터 피드백	전북혜화학교
6	피드백 반영 & 연구 발전	본교 정보과학실

2. 연구 목표

가. 연구 목표

이처럼 우리는 궁극적으로 장애인 거주시설에 지원되는 예산 내에서 필수적인 시스템의 설치가 가능하도록 하기 위해, 라즈베리파이를 이용하면서 저렴한 가격의 정보 송신 및 피드백 시스템을 구축하고, 해당 시설의 사회복지사가 장애인의 상황을 바로 파악할 수 있도록 할 것이다. 고성능을 추구하여 다양한 다중 기능을 제공하는 것이 아니라, 저예산으로 딱 필요한 기능만 '신속'하게 '직관'적으로 구현할 수 있도록 하는 것이 이 연구의 목표이다.

나. 기대 효과

이 연구의 최초 아이디어는 전북혜화학교로부터 나왔지만, 타 장애인 돌봄 기관에 보급하여 순간적인 응급 상황에 신속하게 대처하고 부족한 인력을 보완해줄 수 있을 것이다. 그뿐만 아니라, 사회적 약자인 어린이가 있는 가정 혹은 독거노인 가정에 보급하여 사회적 약자로 대두되고 있는 그들의 삶에 작은 가치를 더해주는 데 사용될 수 있을 것이다.

3. 이론적 배경

가. 라즈베리파이 (Raspberry Pi)[1]

〈그림 4〉 라즈베리 파이

라즈베리파이는 교육용 목적으로 개발된 초소형 컴퓨터이다. 신용카드 크기의 작은 컴퓨터로, 출시 당시 많은 사람의 관심을 받았다. 컴퓨터라고 하면 흔히들 노트북이나 데스크톱 PC를 떠올리지만, 라즈베리파이는 케이스 안에 메인보드와 그 안에 탑재된 CPU, USB단자 등을 참고해 보았을 때 컴퓨터라고 할 수 있다.

라즈베리파이는 키보드와 모니터가 제거된 단일보드로만 구성되어 미완성인 제품으로 보일 수 있으나 프로그래머들에게는 자신만의 컴퓨터를 제작 가능하게 하는 좋은 재료이다. 그 이유는 컴퓨터는 이미 보드에 정해진 기능이 있어 확장이 불가능하지만 라즈베리파이는 사용자로 하여금 기능 확장과 용도 변경을 가능하게 한다는 특성을 가지고 있기 때문이다. 여기에 모니터와 마우스를 연결하고 사용할 운영체제를 설치한다면 라즈베리파이를 일반 PC와 같은 역할

---

1) raspberrypi.ssu.ac.kr

을 하도록 만들 수 있다. 또한 카메라 모듈을 연결하면 디지털카메라가 될 수 있으며, 각종 센서들을 연결하면 사물인터넷 제품을 만들 수 있다.

우리는 라즈베리파이의 이러한 간편함과 확장성을 바탕으로 이 연구를 진행할 것이며, 가능하다면 단지 기술 구현에 그치지 않고 3D 프린팅을 통한 외형 케이스 제작과 더불어 실제 상품화해볼 것이다.

나. 셀 스크립트(Shell Script) 언어

유닉스 계열의 셸에서 사용되는 명령어들의 조합으로 구성되고 운영체제의 명령 해석에 의해 실행되는 스크립트. 셸 스크립트를 기록하는 것은 다른 프로그래밍 언어의 같은 코드로 쓰인 것보다 훨씬 더 빠른 경우가 많고, 컴파일 단계가 없기 때문에 디버깅하는 동안 빠르게 실행될 수 있다. 단순한 스크립트 같은 경우에는 여러 운영체제와 잘 호환된다는 장점이 있지만, 만약 스크립트가 더 복잡해진다면 셸, 유틸리티, 그리고 다른 필수 요소들 사이의 사소한 차이만으로 실패할 가능성이 크다.

다. VLC Engine

Video Lan Client의 약자로써 Video Lan Project를 통해 만들어진 영상 재생 플레이어인 동시에 스트리밍 서버를 구축하여 VLC 플레이어 간 영상 스트리밍을 진행할 수 있도록 만들어졌다. 이는 라즈베리파이에도 패키지로써 존재하고 그 프로그램이 너무 복잡하지 않아 라즈베리파이에서도 충분히 서버를 만들고 스트리밍을 진행할 수 있으며 영상이 전달될 때의 프레임 드랍도 발생하지 않는다. 우리는 라즈베리파이의 VLC Engine을 이용하여 라즈베리파이와 중앙 컴퓨터 간의 네트워크를 통한 원격 스트리밍을 진행하였으며, 이때 동시에 여러 대의 파이카메라에서의 원격 스트리밍 정보를 한 컴퓨터에서 받을 수 있는가에 대한 사전 확인을 해보았다.

라. VNC Viewer

Virtual Network Computing의 약자로 그래픽 데스크톱 공유 시스템이다. 원격으로 컴퓨터 간의 화면 전송이 이뤄질 뿐만 아니라 컴퓨터 자체를 조작할 수 있는 말 그대로 원격조작이 가능한 프로그램이다. 다른 컴퓨터에서도 다양한 명령을 전달할 수 있다는 장점이 있으나 프레임 드랍이 발생하는 것이 단점이며, 일반적인 원격조작이 그렇듯, 이벤트의 진행이 일어나는 지연이 조금씩 발생한다. 라즈베리파이에서 기본적으로 제공하는 VNC를 이용하여 간편하게 카메라에서 입력받은 영상을 원격으로 모니터링할 수 있다. 그러나 원격으로 조작까지 가능하다는 점에서 장애인들의 인권에 대한 문제가 제기될 수 있을 것이니 더욱 신중한 연구와 사고가 필요하다.

마. OpenCV 라이브러리

[OpenCV = Open Source Computer Vision Library] 영상 처리와 컴퓨터 비전 관련 오픈 소스 라이브러리로 2,500개가 넘는 알고리즘으로 구성되어 있다. 이것은 영상 처리, 컴퓨터 비전 및 기계 학습과 관련된 전통적인 알고리즘뿐만 아니라 최첨단 알고리즘을 갖추고 있다. 이 알고리즘들은 얼굴 검출과 인식, 객체 인식, 객체의 3D 모델 추출, 스테레오 카메라에서 3D 좌표 생성, 고해상도 영상 생성을 위한 이미지 스티칭, 영상 검색, 적목 현상 제거, 안구 운동 추적 등 다양한 응용 분야에 사용된다.[2] OpenCV는 C, C++, python, MatLab 인터페이스를 갖추고 있으며, Windows, Linux, Android, Mac OS에 이르기까

---

2) m.blog.naver.com/wjdals0471/221132652652

지 다양한 운영체제를 지원한다. 그뿐만 아니라 OpenCV는 MMX(MultiMedia eXtension)와 SSE(Streaming SIMD Extensions) 명령어를 통해 고속의 알고리즘을 구현해 실시간 비전 응용에 더욱 강점이 있다.

우리는 OpenCV가 객체 인식과 실시간 비전 응용에 강점이 있다는 장점에 따라 파이썬 언어를 통해 이번 연구에 OpenCV를 사용하게 되었다.

바. Streamer

공공기관에서 사용하는 컴퓨터들은 고정 IP라는 일정한 인터넷 주소를 가지고 있다. 하지만 개인 PC나 모바일 폰인 경우 수시로 인터넷 주소가 바뀌는 유동 IP를 가지고 있다. 그렇기에 실시간으로 영상을 보내거나 할 때 정보가 손실되거나 제대로 전달되지 않는 문제점들이 생길 수 있는데, 이러한 문제점을 막기 위해서는 중간에 고정 IP 서버를 거쳐야 할 필요가 있다. streamer는 그러한 역할을 해주어 미디어 전달에 용이하며, 그렇기에 우리는 두 종류의 미디어 streamer를 선정하고 비교 및 학습하였다.

1) MJPG-Streamer

MJPG-Streamer는 하나 이상의 입력 플러그인에서 여러 출력 플러그인으로 JPEG 프레임을 복사하는 명령 줄 응용 프로그램이다. 웹캠에서 Chrome, Firefox, Cambozola, VLC, mplayer 및 MJPG 스트림을 수신할 수 있는 기타 소프트웨어와 같은 다양한 유형의 사용자에게 IP 기반 네트워크를 통해 JPEG 파일을 스트리밍하는 데 사용할 수 있다. 하지만 MJPG-Streamer에는 apt-get을 통해 사용할 수 없으므로 소스에서 컴파일해야 한다는 불편성이 있다. 이는 Motion을 사용하여 웹캠을 설정하는 것보다는 복잡하지만 MJPG-Streamer가 자원 집약이 적기 때문에 설치하는 추가 복잡성은 그만한 가치가 있다고 할 수 있다.

2) G-Streamer

GStreamer는 스트리밍 미디어 응용 프로그램을 만들기 위한 프레임워크이다.

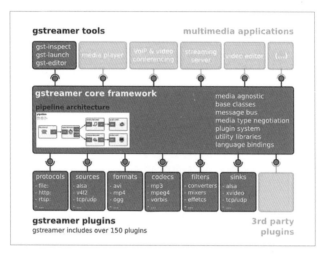

〈그림 5〉 GStreamer의 구조

GStreamer의 개발 프레임워크를 사용하면 모든 유형의 스트리밍 멀티미디어 응용 프로그램을 작성할 수 있다. GStreamer 프레임 워크는 오디오 또는 비디오 또는 둘 다를 처리하는 응용 프로그램을 쉽게 작성할 수 있도록 설계되었다. 오디오 및 비디오에만 국한되지 않고 모든 종류의 데이터 흐름을 처리할 수 있다. 파이프라인 설계는 적용된 필터가 유도하는 것보다 적은 오버 헤드를 갖도록 만들어진다. 따라서 GStreamer는 대기 시간 요구가 높은 고급 오디오 애플리케이션을 설계하는 좋은 프레임워크이다.

특히, GStreamer는 멀티미디어 응용 프로그램용 API, 플러그인 아키텍처, 파이프라인 아키텍처, 미디어 타입 처리 / 협상을 위한 메커니즘, 동기화 메커니즘, 1000개 이상의 요소를 제공하는 250개 이상의 플러그인, 일련의 도구들로 구성되어 있으며, GStreamer 플러그인은 프로토콜 처리, 소스 : 오디오 및 비디오용(프로토콜 플러그인 포함), 포맷 : 파서, 포맷터, 멀티플렉서, 디멀티플렉서, 메타 데이터, 자막, 코덱 : 코더 및 디 코더, 필터 : 변환기, 믹서, 효과, … , 싱크 : 오디오 및 비디오용(프로토콜 플러그인 포함)로 분류될 수 있다.[3]

4. 연구 내용 및 방법

가. 영상정보 전송 및 원격 스트리밍

우리는 전체 기능 구현에 앞서 마치 CCTV와 같이 실시간 영상 스트리밍 기능을 우선 구현하였다. 결과적으로 우리는 라즈베리파이에서 웹 서버를 오픈하여 영상정보를 송출하는 방식을 선택하였기에, 버튼을 통해 장애인으로부터 입력받는 정보가 참이면(장애인이 버튼을 누르면) 서버를 오픈하고, 그렇지 않으면 항상 닫혀있도록 설정하는 과정으로서 연구를 확장할 수 있을 것이다.

1) VNC Viewer

원격 모니터링프로그램인 VNC Viewer를 이용하여 화면의 공유를 통해 중앙 사무실 PC 와의 소통시스템을 구현한다.

① Python에서 OpenCV를 패키지를 불러오고 웹캠을 통해 dev/video0에 입력되는 영상을 불러온다.

```
import cv2
cap = cv2.VideoCapture(0)
```

---

3) https://en.wikipedia.org/wiki/GStreamer

② while 반복문을 계속 실행시키면서 카메라 디바이스에 입력된 영상을 반복적으로 가져온다.

```
while True :
    ret, frame = cap.read( )
```

③ 위의 while 반복문 내에서 'image'라는 윈도우에 가져온 영상데이터를 출력한다.

```
cv2.imshow('image', frame)
```

④ 키보드상의 'Q'키가 눌렸는지 안 눌렸는지 확인한다. 눌린 경우 break 문으로 while 반복문을 탈출한다.

```
if cv2.waitKey(1) & 0xFF == ord('q') : break
```

⑤ 사용한 윈도우를 제거한다.

```
cv2.destroyAllWindows( )
```

⑥ 이렇게 윈도우창으로 웹캠으로 입력받은 영상데이터를 띄우고 이를 VNC Viewer를 통해 중앙사무실 PC에 전송하여 소통시스템을 구현한다.

2) MJPG-Streamer

Mjpg 스트리밍은 서버를 이용한 단순히 화면 영상의 전송을 이용하여 소통

시스템을 구현한다.

① OpenCV를 이용하여 MJPG Streaming을 진행한다.

```
@route('/')
def do_route():
        return "<HTML><BODY><img src=\"stream\" width=320
height=240></BODY></HTML>"

run(host='localhost', port=8008)
```

② VLC Player를 이용해 스트리밍 영상을 중앙사무실 PC로 받아와서 출력한다.

3) G-Streamer

① 라즈베리파이 Terminal에서 apt-get 함수를 통해 Gstreamer 확장 소스를 곧바로 내려받을 수 있다. 아래 명령어를 입력하여 Gstreamer1.0 버전을 설치한다. 우리는 여러 번의 시스템 에러가 발생했는데, 재부팅 및 재시도를 몇 번 거치니 해결되었다.

```
$ sudo apt-get install gstreamer1.0
```

② 아래 명령어를 통해서 Gstreamer가 제대로 설치되었는지 확인하였다.

```
$ gst-launch-1.0 --version
```

```
pi@raspberrypi: ~/node-v6.9.4-linux-armv7l $ gst-launch-1.0 --version
gst-launch-1.0 version 1.4.4
GStreamer 1.4.4
http://packages.qa.debian.org/gstreamer1.0
```

〈그림 6〉 GStreamer가 제대로 설치되었다는 정보 표시

③ 파이카메라를 라즈베리파이에 장착하고 raspi-config 또는 GPU 설정을
통해서 카메라 기능을 활성화한다. 확장성 및 반영구성 보존을 위해 시중에서
흔히 구할 수 있는 웹캠을 이용해도 되지만, 연구 과정에서는 라즈베리파이에서
제공하는 파이카메라를 사용하였다.

〈그림 7〉 파이카메라 연결

④ 녹화하는 동영상 정보를 입력하는 쉘 스크립트를 만든다. 아래의 명령어
를 입력하여 소스 코드 입력창으로 이동한다.

$ nano gst_test.sh

⑤ nano 에디터로 gst_test.sh라는 파일을 만든 다음 아래의 코드를 삽입한다.
코드상의 "MY_IP"는 라즈베리파이 Terminal의 ifconfig 함수를 이용하여 현재
표시된 IP주소를 입력하여 넣는다. 실제 사용 시에는 기관별 유무선 공유기를

152

통해 IP주소가 할당될 것이므로 유동 IP의 변동 문제점에 대해서는 고려하지 않아도 된다. 아래 코드는 출력하는 동영상의 해상도, 코덱 등을 설정하는 코드 이다.[4]

```
#!/bin/bash
MY_IP=$(hostname -I)
echo "My IP Addr is $MY_IP"
raspivid -t 0 -h 720 -w 1280 -fps 25 -hf -b 2000000 -o -
| gst-launch-1.0 -v fdsrc ! h264parse ! rtph264pay
config-interval=1 pt=96 ! gdppay ! tcpserversink host=$MY_IP
port=5000
```

⑥ 코드를 입력하고 셸 스크립트를 저장한 다음 다시 Terminal로 빠져나와 아래의 명령을 이용해서 실행 가능 파일로 변경 후 실행해본다.

```
$ chmod +x gst_test.sh
$ ./gst_test.s
```

⑦ 위 코드를 입력하고 나면 Terminal에서 웹 서버가 열리며 계속해서 동영 상을 녹화되고 있다는 정보가 Terminal 상에 표시된다.

⑧ 라즈베리파이 상에서 영상 스트리밍 송출은 완료가 되었다. 이제 장애인 이 호출 시 그들을 관찰하고 보살피는 사회복지사의 개인 PC에서 그들이 요청 한 영상을 확인할 때 필요한 작업을 한다. 본 연구자들은 다음카카오 사의 '카 카오TV 팟플레이어'를 사용하였고, 실 사용자들에게 이 플레이어를 권장한다. Windows PC에 '카카오TV 팟플레이어'를 설치한 후 실행시킨다.

---

4) https://blog.naver.com/chandong83/220918465379

⑨ 팟플레이어를 실행한 후 단축키 'Ctrl+U'를 누르고 스트리밍 주소창을 활성화한다.

⑩ 주소 입력창에 "rtsp://라즈베리파이IP주소:포트번호/스크립트이름" 꼴로 입력하면 몇 초의 로딩 뒤에 스트리밍 영상이 시작된다. 단, Windows PC의 인터넷 환경은 라즈베리파이와 같아야 한다. 실제 장애인 거주시설에서는 같은 유무선 공유기로 같은 인터넷 환경을 구성하므로 이 부분에서도 조건이 충족된다.

〈그림 8〉 카카오TV 팟플레이어 스트리밍 설정

⑪ 스트리밍된 동영상을 사회복지사가 실시간으로 확인할 수 있다. 지연시간은 0.3~1초 정도의 짧은 시간이다.

〈그림 9〉 카카오TV 팟플레이어 스트리밍 구동 화면

다음은 연구를 진행하면서 촬영하였던 스트리밍 영상들의 캡쳐본이다.

〈그림 10〉 스트리밍1   〈그림 11〉 스트리밍2

〈그림 12〉 스트리밍3   〈그림 13〉 스트리밍4

나. 입출력 값에 대한 회로 구현 및 실험

위에서 서술했던 것과 마찬가지로 스트리밍이 항상 진행된다면, 그것은 장애인분들의 사생활을 침해하는 행위일 뿐만 아니라 기존의 CCTV와 차이가 없는 것이다. 따라서 우리는 외부로부터의 특정한 입력을 통해서 스트리밍을 on/off 하는 기능 구현의 필요성을 느꼈고 라즈베리 파이 브레드보드 회로 구현을 통해서 해당 실험을 진행하였다. 회로에서 구현해야 하는 것은 프로그램과 연동을 위한 신호의 전송이다. 복잡한 회로 대신에 스위치를 통한 간단한 회로를 통해서 원하는 기능을 구현하였다. 3.3V의 전압과 220Ω 저항을 사용하여 회로를 구성하였으며 스위치에 이어서 GPIF 24 포트에 연결하여 스위치를 켜서 폐회로가 구성되었는지 되지 않았는지 신호를 전송하게 하였다.

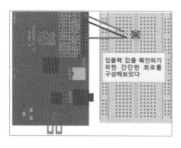

〈그림 14〉 회로도 도안

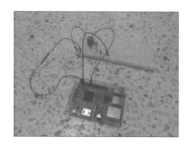

〈그림 15〉 실제 회로

다. 라즈베리파이 센서를 통한 입력값 변경

'나. 입출력 값에 대한 회로 구현 및 실험'에서 라즈베리파이 브레드보드와 스위치(버튼)를 연결하여 버튼으로부터의 입력값을 라즈베리파이에 받아올 수 있었다. 따라서 스위치에 대한 입력값이 참(true)이면 스트리밍을 재생하여 윈도우 PC에서 영상정보를 불러오는 프로그램을 짜낼 수 있었고, 즉 장애인으로부터 정보 송신 요청 시 사회복지사가 확인하고 행동을 취하는 단계까지는 어느 정도 완성되었다.

'다. 라즈베리파이 센서를 통한 입력값 변경'의 궁극적인 목적은 연구의 확장으로서 스위치 대신 다양한 생체 감지 및 주변 환경에 대한 센서를 통해 핫라인 시스템을 '자동화'하는 데에 있다. 다양한 센서들을 실험하기에 앞서 본 연구자들은 초음파 센서, 디지털 적외선 물체 감지 센서, 온습도센서, 아날로그 사운드센서, 심박 센서의 총 다섯 가지 라즈베리파이 센서를 선정하였고, 각각의 센서에 대해 실험을 계획하였다.

1) 온습도센서(DHT11)

라즈베리파이 온습도센서(DHT11)는 0℃~50℃ 범위의 온도, 20%~95% 범위의 습도를 측정할 수 있는 센서이다. 우리는 우선적으로 〈그림 14〉의 경우처

럼 센서가 받아들이는 값을 올바로 불러올 수 있는
가를 먼저 확인하고자 하였다. 온습도센서를 이용해
서 거주 공간의 온도가 급격히 상승하였을 때(이를테
면 화재 상황)에 스트리밍을 시작할 수 있을 것이다.

〈그림 16〉 온습도센서

　　먼저 온습도센서의 값을 불러오는 프로그램 소스
코드는 인터넷상의 정보[5]를 참고하여 실험해 보았
다. 실험에 사용한 코드는 다음에서 첨부하였다.

2) 초음파 센서

　　라즈베리파이 초음파 센서는 초음파로 거리를 측
정 및 사물을 인식하는 센서로, 2~400cm 범위의
거리를 측정할 수 있다. 라즈베리파이 근처에 장애인
이 다가가면, 초음파 센서로부터 그 장애인을 감지하
고, 이를 도움이 필요하다는 신호로 받아들여 스트
리밍을 진행하는 과정을 시현할 수 있을 것이다.

〈그림 17〉 초음파 센서

　　초음파 센서로부터 입력값을 받아오는 소스코드는 인터넷상[6]의 정보를 참고
하여 이루어졌으며, 실험에 사용한 소스코드는 다음에서 첨부하였다.

3) 디지털 적외선 물체 감지 센서

　　라즈베리파이 디지털 적외선 물체 감지 센서는 적외선으로 사람이나 물체를
감지할 수 있는 센서이다. 초음파 센서와 기능상 별 차이가 없으며, 경제적 또는

---

5) http://www.makewith.co/page/project/928/story/2394/

6) https://blog.naver.com/elepar.tsblog/220288246775

〈그림 18〉 디지털 적외선 물체
감지 센서

프로그래밍적 측면에서 간편하고 효율이 좋은 것을 선택하는 방향으로 실험을 진행할 계획이다. 적외선 센서 역시 라즈베리파이 근처에 장애인이 다가가면, 적외선 센서로부터 그 장애인을 감지하고, 이를 도움이 필요하다는 신호로 받아들여 스트리밍을 진행하는 과정을 시현할 수 있을 것이다.

4) 아날로그 사운드센서

〈그림 19〉 아날로그 사운드센서

아날로그 사운드센서는 소리 세기를 측정할 수 있는 아날로그 소리 센서로, 마이크 감도 52dB로 주파수 50Hz~20kHz 범위의 소리를 측정할 수 있다. 특정 장애인이 거동이 불편하여 목소리로밖에 도움을 요청할 수 없을 때를 고려하여 실험에 추가하였으며, 다양한 상황에서의 사람의 목소리 데이터를 가지고 많은 실험이 필요할 것이라 예상된다.

5) 심박 센서

〈그림 20〉 심박 센서

심박 센서는 말 그대로 센서를 착용한 사람의 심박 수를 측정 및 라즈베리파이에 전송해주는 센서이다. 1인용 유선 센서이기 때문에 공간적 한계가 있으나 연구의 발전 및 무선 센서 사용에 대한 선행 학습을 목적으로 실험에 포함하게 되었다. 무선 심박 센서를 사용하여 다수의 장애인의 심박 정보를 실시간으로 모니터링하면 급격한 심박 변화가 발생했을 시 사회복지사가 신속하게 대처할 수 있을 것이다.

5. 실험 결과 및 결론

가. 실험 결과

연구 결과 동일 네트워크 환경에서의 영상 스트리밍, 라즈베리파이 브레드보드 제어를 통한 스위치 회로 구성 및 입출력 값 실험, 다양한 센서들의 입력값을 불러오는 실험에 관한 결과를 보여주는 항목이다.

1) 영상정보 전송 및 원격 스트리밍

VNC Viewer 방법으로 접근하였을 때는 라즈베리파이가 두 대 이상 연결될 경우, 즉 두 대 이상의 카메라 영상을 받아오면 영상전송에 대한 프레임이 매우 낮아지고 PC에 심한 부담을 주기에 시스템의 진행에 있어 지연이 크게 발생하였다.

한편 MJPG 스트리밍 방식으로는 무엇보다도 라즈베리파이 Terminal에서 apt-get 함수로써 스트리밍 패키지를 불러오지 못해 소스로 직접 컴파일해가며 기능을 구현해야 한다는 치명적인 단점이 있었는데, 이 시스템의 장기성을 두고 따져보았을 때 주기적으로 업데이트되는 스트리밍 소프트웨어를 매번 소스를 수정해가며 새로 받아와야 하므로 방법 선택에 큰 고민을 안겨주었다.

또한 VNC 뷰어보다는 영상전송에 대한 프레임은 비교적 높고 시스템의 진행에 있어 지연 또한 감소하였으나, 즉각적인 상황판단이 필요한 본 연구의 취지에 부족한 모습을 보였다. 반면 G Streamer 스트리밍에서는 매우 짧은 지연 속도와 기능 구현의 간편함, 무엇보다 사용자의 편리함 측면에서 그 가치가 매우 높게 평가되었다.

현재 라즈베리파이 단말기에서 Master PC에 영상정보를 전송하는 작업이 마무리되었으므로 이제 영상정보를 전송할 때 어떠한 특정 동작이 입력되었을 때

에만 웹 서버를 오픈하는 식으로 연구의 방향을 잡으면 될 것이다.

2) 입출력 값에 대한 회로 구현 및 실험

회로의 구성과 라즈베리파이의 연결을 통해서 입력값과 출력값이 어떻게 저장되고 이용되는지 확인하였다. G Streamer에서 이용된 쉘 스크립트를 여기서도 이용하여 입력값을 가져오는 작업을 진행하여 웹 서버의 온·오프를 결정하는 프로그램을 작성하고 최종적으로는 프로그래머가 조작하는 하나의 신호에서의 입력값으로만 웹 서버의 온·오프를 결정하는 것이 아닌 사용자에서 나오는 다양한 신호의 종합으로 소스의 시행 및 중단의 기능을 구현할 것이다.

3) 라즈베리파이 센서를 통한 입력값 변경

앞에서 정한 다섯 가지 라즈베리파이 센서 각각에 대해 센서에서 불러오는 입력값을 제대로 불러올 수 있는지부터 실험하였다. 선정한 다섯 가지 중 현재까지는 초음파 센서, 온습도 센서, 적외선 센서만 실험이 진행되었고, 성공적인 결과를 얻은 것은 초음파 센서뿐이다. 추후 더 추가적인 실험이 필요한 부분이다.

가) 온습도 센서

현재까지 실험해 본 결과 데이터값을 제대로 불러오지 못하여 계속 에러가 나고 있는 상태이다. 회로상의 오류는 아닌 것으로 확인이 되었으며, 코드상에 "define" 되어 있는 것이 브레드보드의 핀 번호인가 의문이 들어 해당 핀 번호에 맞게 실험을 진행하였으나 계속 에러가 나는 것은 마찬가지였다. 후에 다른 경로를 통해 실험 재구성 및 재실험을 해볼 계획이다.

나) 초음파 센서

초음파 센서로부터 거릿값을 불러오는 실험은 성공하였으며, 위에서 '스위치'의 기능을 대신하여 새로운 입력값으로서 그 자리를 대신한다면 사회복지사 호출 시스템을 자동화할 수 있을 것이다.

 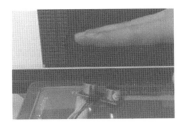

〈그림 21〉 초음파 센서에서 물체를 감지하기 전 〈그림 22〉 초음파 센서에서 물체를 감지하는 중

〈그림 21〉에서처럼 초음파 센서 앞에 아무 물체도 없을 때는 프로그램에서 약 180cm로 측정하는 것을 볼 수 있다. 센서와 천장 사이의 거리가 180cm보다 훨씬 길다는 것을 고려하면 초음파 센서에서 인식할 수 있는 최대 거리가 180cm이고, 그 이상의 거리는 모두 180cm로 출력한다는 것을 알 수 있다.

〈그림 22〉에서처럼 손바닥을 가까이하면 센서와 손바닥 사이의 거리를 초음파로 측정하여 출력하는 것을 볼 수 있다. 이처럼 약 10cm~180cm 범위에서 프로그래밍한다면 장애인이 다가왔을 때 어떤 작업을 취해야 할지를 입력할 수 있을 것이다.

다) 디지털 적외선 물체 감지 센서

디지털 적외선 물체 감지 센서의 경우는 현재 센서 자체의 이상으로 추정되는 오류가 발생하고 있다. 물체를 가까이하면 화면상에 'detection'이 보여야 하고, 물체가 인지되지 않으면 'no detection'이 보여야 한다. 하지만 이 실험에서는 불규칙적인 패턴으로 'detection'과 'no detection'이 번갈아 가며 보이는 것을 확인할 수 있었다. 소스코드 원문에 오류가 있는 것인지 센서 자체에 이상이 있는 것인지 확인하기 위해 적외선 센서 대신 터치 센서를 장착하였을 때 올바른 값을 가져오는 것을 보아 아마 적외선 센서 자체에 오류가 있었던 것으로 추정한다.

나. 결론 및 기대효과

그동안의 수많은 시행착오를 겪고, 선택한 방법의 단점을 발견해낸 끝에 G Streamer 방식의 영상 스트리밍 방법을 찾게 되었다. 우리는 G Streamer 방식으로 라즈베리파이에서 촬영하는 동영상을 1초 이내로 Master PC에게 전송하고, 프로그램 소스의 시행/중단 과정으로서 웹 서버를 여닫으면서 영상 송수신을 결정하는 기능 구현의 단계까지 마무리하였다. 또한 스위치 회로를 구성하여 라즈베리파이에 스위치에 대한 입력값의 여부를 불러오는 실험에 성공하였으며, 스위치를 대신하여 다양한 센서들을 고안하고 실험해 보았다.

앞으로는 소스의 시행/중단을 프로그래머가 수동으로 하는 게 아니라 사용자가 어떠한 동작을 취했을 때, 이를테면 버튼을 누르면(센서가 신호를 감지하면) 웹 서버가 열려 스트리밍이 시작되는, 그러한 기능의 구현을 시도해 볼 것이다.

멀리서 바라보면 이미 구현을 넘어서서 상품화까지 되어 있는 기술이고, 이 연구가 더 투박해 보일 수 있다. 하지만 가까이서 자세히 살펴보면, 기존의 비싼 호출 시스템을 설치하지 못하는 많은 수의 장애인 복지 시설의 현실이 반영되어 있다. 이 연구가 장애인 복지 시설에 도입된다면, 크게는 저예산 고효율의 복지 시스템이 구축되는 것이고, 작게는 열악한 장애인 복지 환경에 작은 보탬을 더해주는 것이다. 부가적인 기능은 모두 제외하고 더욱 직관적이고 신속하게 기능을 구성함으로써 더 적은 단가로 더 큰 효과를 거둘 수 있을 것이다.

더 나아가, 우리는 다양한 센서들을 실험하였고 센서들을 통한 핫라인 시스템의 자동화를 최종 목표로 하고 있다. 장애인이 수동으로 단순히 버튼을 눌러 사회복지사를 호출하는 방식이 아니라 센서를 통하여 자동화한다면, 사회적으로는 장애인의 편리함을, 경제적으로는 간단하고 직관적인 저예산 고효율의 핫라인 시스템을, 국가적으로는 예산 감축을 제공하는 연구가 될 것이다.

또한 이 연구를 장애인 복지 시설뿐만 아니라 장애인분들을 비롯하여 사회적 약자들이 거주·생활하는 지역아동센터, 어린이집, 노인 복지원, 경로당, 독거노인 자택, 간병인이 근무하는 가정집 등에 확대 적용할 수 있을 것이다. 보이지 않는 사각지대에서 위험에 처했을 때 빠르고 신속하게 도움을 요청할 수 있는 시스템으로부터 생명의 안전과 삶의 질을 보장하는 중요한 가치를 가지게 될 것이다.

3차 산업혁명을 통해 사람과 사람 사이의 신속한 소통을 가능케 함으로써 우리 삶의 많은 부분이 '스마트'해졌다. 그리고 4차 산업혁명에 접어든 지금 이 순간과 미래는 사물과 사물 사이의 신속한 소통으로서 인간의 삶을 더더욱 윤택하게 해줄 것이다.

그러나 과거에도 현재에도 '스마트'함을 느끼지 못하는 적지 않은 수의 사람들이 있다. 장애인, 독거노인 등을 비롯한 사회적 약자들이 그 예시가 될 것이다. 더 스마트함을 추구하는 현대 사회에서 상품의 기능들은 강화되고, 각각의 기능들은 서로 연관되어 더욱 완벽한 성과를 이끌어 내지만, 이러한 잡다하고 복잡한 기능은 그들에게 무용지물이 될 수밖에 없는 현실이다. 이러한 상황에서 우리의 연구는 다른 것과 차별적이라고 단언할 수 있다. 사회·과학기술의 추세에 따라 사물인터넷적 개념을 받아들여 기능들을 자동화하는 동시에, 잡다하고 복잡한 기능은 모두 제거하고 말 그대로 '핫라인'을 통한 빠르고 신속한, 장애인에게는 직관적인 시스템을 구현하는 것이기 때문이다.

이 연구가 그들에게도 '스마트'함을 느낄 수 있도록, 사회로부터 뒤처지지 않도록 도와주는 중요한 역할이 되기를 소망한다.

6. 참고문헌

[1] 도서 – 『사물인터넷을 품은 라즈베리파이(김성우)』

[2] 도서 – 『모두의 라즈베리파이 with 파이썬(이시이 모루나, 에사키 노리히데)』

[3] 라즈베리파이 시스템적 부분과 스트리밍 관련 – 라즈베리파이를 이용한 반려동물 실시간 모니터링 시스템 개발(김희준, 유희대, 장재우)

[4] 라즈베리파이 시스템적 부분과 스트리밍 관련 – 오픈소스 하드웨어와 실시간 이미지를 이용한 현관문 보안 시스템(정지원, 박두상, 김준일, 허건영, 유준)

[5] 스트리밍 관련 – 기관 내 삽관을 위한 내시경 시스템 설계 및 구현(김형수, 강상규, 김기영, 한영환)

[6] GStreamer 관련 – 스마트 도어록 시스템을 위한 IoT 기반의 실시간 스트리밍 및 원격 제어(이성원, 유제훈, 심귀보)

[7] 장애인·영아를 위한 모니터링 시스템 – OpenCV를 활용한 영아 모니터링 서비스 설계 및 구현(유한종, 심승범, 권민철, 최선웅)

[8] 센서 관련 – 사물인터넷 기반 실내 환경 관제시스템 설계 및 구현(박재운, 김대식, 주낙 근)

[9] 센서 관련 – 수면 중 소아 발작 모니터링 시스템 구현(이은진, 김흥수)

[10] 센서 관련 – 실시간 의료제 모니터링 시스템(고동현, 신동리, 권연준, 곽은지, 김승 천)

[11] 센서 관련 – 비정상행동 검출을 위한 지능형 영상 감시 임베디드 시스템(김민구, 반성범)

[12] 센서 관련 – 적외선 열화상 모듈을 이용한 수배전반 열화 모니터링 시스템 개발(정종문, 손성수, 이용식, 김재현)

[13] 스마트폰 연동 관련 – 사물인터넷 기반의 스마트 기숙사 시스템 구현(이우영, 고화문, 유제훈, 심귀보)

[14] 센서 관련 – 사운드 센서를 이용한 상황 전달 시스템(이연식, 남궁현, 김영자, 장민석)

[15] 센서 관련 – PPG 센서를 이용한 심박 모니터링 시스템 구현(이원석, 정경권)

[16] 유사 연구 – 라즈베리파이 기반의 긴급 상황 인식시스템에 관한 연구(임동혁)

[17] 유사 연구 – IoT 병실 환경 관리 시스템(이해성, 이동근, 이순흠, 최관순)

[18] 유사 연구 – 사물인터넷 기반의 다중채널 생체신호 측정(김정환, 정겨운, 이준우, 김경섭)

[19] 엘레파츠 블로그 – https://blog.naver.com/elepartsblog

[20] OpenCV 블로그 – http://webnautes.tistory.com/

[21] 메카솔루션 블로그 – https://blog.naver.com/roboholic84

[22] 웨이브셰어 위키 블로그 – https://www.waveshare.com/wiki/Main_Page

[23] GStremer 참고 – http://blog.daum.net/4dearlife/7

[24] GStremer 참고 – https://cosmosjs.blog.me/220785128344

[25] GStremer 참고 – https://blog.naver.com/chandong83/220918465379

[26] GStremer 참고 – http://talanton.tistory.com/76

[27] GStremer 참고 – https://blog.naver.com/sposent7/220393182108

[28] GStremer 참고 – http://pmice.tistory.com/292

[29] GStremer 참고 – http://programmerchoo.tistory.com/87

[30] GStremer 참고 - https://cosmosjs.blog.me/220709697604

[31] GStremer 참고 - http://cosmosjs.blog.me/220709697604

[32] GStremer 참고 - http://fishpoint.tistory.com/1883

[33] GStremer 참고 - http://blog.daum.net/4dearlife/7

[34] GStremer 참고 - https://bit.ly/2sZJLsi

선배의 탐구보고서 의미 들여다보기

● 탐구보고서 작성에 참여한 계기

장애인 거주시설 봉사활동을 하는 과정에서 정부의 예산 부족으로 단순한 경보시스템도 제대로 구축이 되지 않은 장애인 시설이 많다는 사실을 알게 되었다. 그래서 그분들에게 조금이라도 도움이 되는 일이 있지 않을까 고민을 하여 라즈베리파이를 활용하여 사회복지사와 '스마트 핫라인'을 만들면 원활한 연락이 가능하겠다고 생각하여 연구를 진행하였다.

● 탐구보고서 작성 과정

먼저 다양한 선수조사를 진행하고 라즈베리파이를 이용하여 영상정보 전송과 원격 스트리밍에 대한 프로그램을 만들었다. 그리고 입출력 값에 대한 회로 구현을 한 후 실험을 진행하였다. 다양한 센서를 이용하여 생체 감지 및 주변 환경에 대한 센서를 통해 핫라인 시스템을 자동화하려는 시도를 했다. 실험에서 시행착오를 겪으면서 GStreamer 방식의 영상 스트리밍 방법을 찾게 되었다.

　만약 이 프로그램이 활용된다면 장애인들이 몸이 불편할 때 버튼을 누르는 것이 아니라 센서를 통하여 어디가 불편한지를 다 정보화할 수 있다. 이 연구가 다른 취약계층에도 사용된다면 좋겠다는 생각을 했다. 아직 다양한 편리함의 혜택을 받지 못하는 사람들이 있다는 사실이 많이 안타까웠다. 처음에는 손목시계형 웨어러블 디바이스를 만들면 더 좋겠다는 생각을 하였는데 비용이 너무 많이 들고 시중에 S사와 A사 제품이 심박수, 심장박동의 이상, 낙상 등 실시간으로 정보를 제공할 수 있다는 것을 알고 보다 저렴하면서 널리 사용할 수 있는 제품도 개발되었으면 좋겠다는 생각을 하게 되었다.

화학·신소재계열

 제목 : 일상생활에서 버려지는 열에너지 재활용 탐구방안

I. 서론

1. 열에너지 재활용의 필요성

우리는 일상생활에서 다양한 전자제품이나 화석연료 등을 통해 산업화의 편리함을 누리고 있다. 그 과정에서 전기에너지, 화학에너지, 열에너지 등이 서로 상호작용하며 기계를 작동시키는 데 쓰인다. 우리가 쓸 수 있는 자원은 한정되어 있고, 에너지의 수요는 점점 늘어나고 있다. 그러므로 에너지를 효율적으로 사용하는 것이 중요하다. 기술이 발전하면서 이러한 부분이 향상되고 있지만, 여전히 에너지를 100% 사용하지 못하고 있다. 버려지는 에너지들은 전자제품에서 발생하는 열, 보일러의 배기가스 열, 발전소의 냉각수열, 목욕탕 온배수 등이 있다. 이렇게 버려지는 열에너지를 '폐열'이라고 한다.

우리는 이 폐열에 흥미를 가지고 더 알아보게 되었다. 일상생활에서는 더운 여름날 에어컨을 작동시킬 때 실외기에서 발생하는 열이나 자동차엔진에서도 상당한 열이 발생되는 것을 확인할 수 있었다. 공장 같은 산업현장에서도 많은 열에너지가 버려지는데 에너지기술연구원에 따르면, 국내 총에너지 소모량의 44%를 산업체가 사용하고 있는데, 이 중 5% 정도가 폐열로 버려진다고 한다. 산업체에서 폐열로 버리는 에너지의 15%만 다시 전기로 바꾸어도 시간당 9200GW 정도의 전기를 얻을 수 있다. 이 정도의 에너지를 화력발전으로 얻으려면, 매년 석유 220만t 이상을 수입해야 하는 양이다. 원전으로는 고리 1호기

발전량의 약 두 배에 달한다. 폐열을 재활용한다면, 연간 10만 2천t의 탄소 배출량을 줄이고 이산화탄소 배출량의 17%가 감량되는 등 환경에 긍정적 효과가 있다. 그뿐만 아니라 제조시설 확충 및 인력 증원, 일자리 창출 등 경제 부분에서도 효과를 볼 수 있다. 이미 유럽의 여러 국가에서는 폐열을 활용해 새로운 에너지 자원으로 활용하고 있다. 유럽에서는 '폐열' 재활용이 이미 익숙한 일로, 덴마크는 전력수요의 절반, 핀란드는 총량의 39%, 러시아는 31%를 폐열 에너지로 생산하고 있다.

우리 조는 폐열 발전의 경제적 환경적 차원에서의 효과에 관심을 가지고, 탐구의 필요성을 느끼게 되었다. 이에 에너지 전환에 대한 근본적 지식을 기초로 하여 우리 일상에서 쉽게 볼 수 있는 폐열 사례에 집중했다. 그래서 기존 에너지 생산방식에 대한 탐구뿐만 아니라 폐열을 효과적으로 활용하기 위한 다양한 방법들을 연구했다. 결론적으로 에너지를 효율적으로 쓰기 위해 본 탐구를 진행하게 되었다.

2. 탐구의 내용과 탐구 방법

1) 탐구내용
- 폐열에너지 재활용 방안 탐구
- 열에너지와 전기에너지의 관계 탐구
- 펠티어 소자와 그 활용방안 탐구 및 실험진행
- 실험 결과와 토의를 통한 최종 폐열에너지 활용방안 도출

2) 연구 방법
- 문헌 조사와 일상생활에서의 경험을 통한 실험 설계

펠티어 소자는 열에너지를 전기에너지로 전환하는, 일명 펠티어 효과와 제베크 효과를 이용한다. 이 소자를 사용하여 폐열에너지를 전기에너지로 전환하여 사용한다. 우리는 자동차엔진에서 발생하는 폐열을 이용하여 전기에너지로 전환하려 했지만 학생신분에서 실험을 진행하기 한계점이 있었고 에어컨 실외기에서 발생하는 폐열에너지와 얼음에서 발생하는 온도차를 활용하기로 하였다. 얼음을 만드는 데 필요한 에너지보다 폐열에너지를 이용해 발생되는 에너지가 더 많아지도록 실험을 설계했다.

II. 본론

1. 펠티어 소자

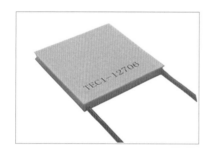
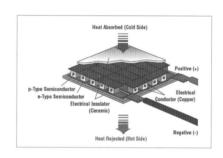

뜨거운 열과 차가운 열의 차이를 이용해 전기를 발생시키는 장치가 바로 펠티어 소자이다. 펠티어 소자의 원리는 간단하다. 펠티어 소자에 열을 가하면 금속 플레이트에 있는 자유 전자가 에너지를 받게 된다. 자유 전자가 에너지를 받게 되면 다른 곳으로 이동하려는 성질이 커진다. 이때 P형 반도체는 +1가의 성질을 띠므로 플레이트에서 P형 반도체 쪽으로 전자가 이동하게 된다. 이때 플레이트는 전자가 부족해지게 되는데, N형 반도체가 −1가의 성질을 띠므로 N형 반도체에서 플레이트로 전자가 이동한다. 다시 P형 반도체로부터 전자를 받은 플레이트가 N형 반도체에 전자를 내어줌으로써 회로에 전류가 흐르게 된다.

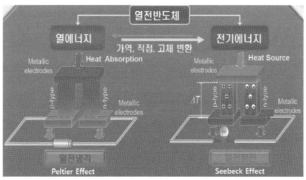

p-type & n-type legs: thermally in parallel, electrically in series

2. 1차 실험 (펠티어 소자의 효율 측정)

1) 준비물

펠티어 소자 1개, 얼음, 뜨거운 물, 4×4cm 구리판 2개, 구리 전선, 전구

2) 탐구방법

• 구리판에 펠티어 소자 1개를 끼워 놓은 후, 첫 번째는 얼음만 올려두고 차
  이를 비교해본다. 두 번째는 뜨거운 물을 놓는다. 마지막으로 얼음과 뜨거
  운 물을 양 옆에 둔다. 그리고 전기가 발생되는지 전구를 이용해 확인한다.

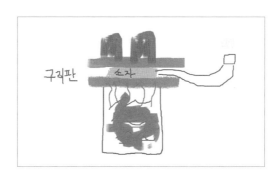

3) 시행결과

실험 방법 \ 결과	전기의 발생 여부	전구의 밝기
얼음만	X	X
뜨거운 물만	X	X
얼음과 뜨거운 물 이용	O	약 20/100

〈 효율이 가장 좋았던 3번째 실험 〉

열 차이가 약 80℃ 이상 되어야 불빛이 나오는 것을 확인했다. 전구의 밝기를 세게 키우기 위해서는 열 차이를 높여야 하며, 펠티어 소자를 직렬로 더 많이 연결해야 열 효율을 높일 수 있다는 결론을 내렸다.

3. 최종 실험(에어컨 실외기의 폐열을 이용해 전기 발생)

1) 준비물

펠티어 소자 16개, 30×20cm 구리판 2개 , 구리 전선, 많은 양의 얼음, 에어컨 실외기, 서멀 그리스, 전구

2) 연구방법

16개의 펠티어 소자를 직렬로 연결한 후, 서멀 그리스를 이용해 구리판에 붙인 뒤 나머지 구리판으로 덮는다. 그리고 폐열(에어컨 실외기 열)과 많은 양의 얼음을 이용해 전기를 발생시켜 전구를 밝힌다.

첫 번째 폐열로는 태양 빛에 의해 뜨겁게 달궈진 철판을 이용했고, 두 번째로는 에어컨가동으로 인해 뜨거워진 에어컨 실외기를 이용했다.

 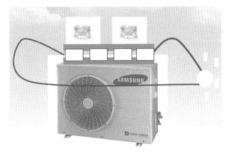

3) 시행 결과

〈 뜨거워진 철판을 이용〉

실험 방법＼결과	전기의 발생 여부	전구의 밝기
뜨겁게 달궈진 철판	O	약 30/100
에어컨 실외기	O	약 30/100

〈에어컨 실외기 이용〉

III. 최종 결론

　최종 실험 결과 펠티어 소자 16개를 사용하여, 열효율이 높아져 전기가 대량 생산될 것이라고 예상했지만, 다른 결과가 나왔다. 그 이유는 온도 차이를 계속 유지해야 했는데, 얼음을 올려둔 차가운 구리판이 태양열에 의해 점점 뜨거워져 온도 차이를 유지해주지 못했다. 예상한 것보다 에어컨 실외기의 온도가 그렇게 높지 않았다. 또한 교육용 펠티어 소자를 사용했기 때문에 효율이 좋지 못했다.

IV. 예상 및 기대효과

최종 결론에서 발생한 여러 가지 요인들을 보완하면 폐열에너지를 더욱 효과적으로 이용할 수 있을 것이다. 높은 폐열에너지가 발생되는 자동차 엔진으로 열효율을 높일 수 있을 것이다. 또한 교육용 펠티어 소자가 아닌 고성능 펠티어 소자를 이용한다면 열효율을 높일 수 있을 것이다. 버려지는 에너지를 이용한 것이므로 경제적이고, 상용화가 된다면 신재생 에너지로 각광받을 것이다.

V. 참고문헌

- Analysis of Peltier Horizontality Cooling for Semiconductor [2017](박상국, 김성철)

- Development of prototype cooling garment for extremely hot environment using Peltier device [2011](정예리)

- Development and Utilization of a Cloud Chamber by Using the Peltier Thermo Electric Cooling Device and Water Cooling Heat Pump System [2015] (하종태)

- Temperature Control of Aluminum Plate by PWM Current Control of Peltier Module [2006](방두열, 권대규)

● 탐구보고서 작성에 참여한 계기

나는 항상 호기심이 많고 궁금한 점이 생기면 이에 대해 고민하면서 직접 탐구해보는 것을 즐겼다. 특히 고등학교에서 다양한 탐구대회를 개최하여 참가하게 되었는데, 평소 궁금한 점을 해결하는 데 큰 도움이 되었다. 이후 학교에서 진행하는 과제탐구 작성대회에 참여하기 위해 알아보던 중 에어컨 실외기에서 뜨거운 열이 발생하는데 이를 활용하면 좋겠다는 생각에 탐구주제를 정하였다.

● 탐구보고서 작성 과정

신재생 에너지를 공부하면서 새로운 에너지를 만드는 것보다 "우리 주변에 발생하고 있는 에너지를 효율적으로 재활용할 수 있는 방법은 없을까?"라고 고민하면서 관련된 논문, 과학 잡지, 유튜브 등을 찾아봤다. 그리고 '일상생활에서 버려지는 열에너지 재활용 탐구방안'이라는 주제로 폐열에너지를 재활용하는 탐구보고서를 작성하게 되었다. 폐열에너지 중 일상생활에서 흔히 볼 수 있는 자동차 엔진의 뜨거운 열이나 에어컨 실외기의 폐열을 이용하자고 제안했다. 그 중에서 온도차를 이용해 전기를 발전시키는 펠티어 소자와 폐열이 발생되는 에어컨 실외기를 이용해 실험을 진행했다. 여름철에 실외기 앞에서 실험하니 10분만 있어도 너무 덥고 땀으로 옷이 다 젖었던 기억이 가장 남았다.

● 탐구보고서 작성 후 배운 점

뻔한 주제들이 아닌 직접 흥미를 느낀 주제들을 보고서로 작성하면서 더 적극적으로 탐구에 임할 수 있었다. 특히 주제를 직접 정하여 진행하기 위해서는 그 분야에 관심 있는 친구들을 섭외하여 같이 진행해야 하기에 협업능력을 기를 수 있었다. 이 능력은 대학교에서 진행되는 팀 프로젝트 활동에도 많은 도움을 얻게 되었다. 또한 직접 팀원들을 모으고 팀원들에게 주장을 설득시키고 피드백받는 과정들을 통해 리더십도 기를 수 있었다.

수학·통계계열

📍 제목 : 청소년 아르바이트 관련 실태 조사 및 체질 방안 연구

I. 연구 동기 및 목적

1. 연구 선정 배경 및 필요성

경제활동을 하는 청소년의 수가 증가하고 있는 추세다. 그 수가 적지 않음에도 불구하고, 우리 사회의 근로환경은 여전히 열악하다. 법적으로 당연히 지켜져야 할 권리들이 무시되는 사례가 비일비재하다. 더구나 아직 청소년 아르바이트를 바라보는 사회적 시선은 부정적이다. 그로 인해 청소년 근로환경을 개선하는데 적극적인 관심을 갖기보다는, 청소년이 아르바이트하는 것이 바람직한가에 대한 의문을 제기하거나, 청소년의 노동력 수준을 언급하며 낮은 대우를 받는 것은 당연하다는 입장도 있다.

그러나 근로하는 청소년들의 평균 연령이 낮아지고, 청소년 근로자 수가 늘어나는 시대의 흐름은 중요한 메시지를 담고 있다. 바로 청소년들이 일하는 환경을 건전하게 조성해야 할 사회적 책임이 중요하다는 것이다. 따라서 논의의 초점은 청소년들이 보다 건강한 환경에서 일할 수 있도록 근로환경을 개선하고 권익을 보호하는 데 집중되어야 한다.

2. 연구 동기

여행을 좋아하는 사촌 동생에게 여행 자금을 어떻게 마련하느냐고 물었다.

그러다 우연찮게 동생이 근무하는 아르바이트 환경을 듣게 되었다. 평소 내가 지레짐작했던 것보다 근무 환경은 더 열악했고, 사촌 동생은 불합리를 인식하지 못하고 있었다. 오히려 그 대우가 뭐가 문제냐고 되물었다. 나는 이런 모습이 안타까웠다. 청소년들이 법적 권익에 대해 거의 무지하여 노동시장에서 부당한 대우를 받으면서도, 개선 의식을 가지지 못하기 때문이었다. 그래서 청소년 아르바이트 관련 실태를 분석하고, 그 결과를 바탕으로 세부적인 정책 제안을 연구했다. 건전한 청소년 근로환경 조성을 위해 작은 디딤돌이 되고 싶었다.

3. 연구 목적

본 연구는 청소년 근로환경의 대대적인 개선이 필요하다는 문제의식에서 출발했다. 청소년 아르바이트 관련 실태를 파악하고, 이를 기반으로 정책 대안을 개발하는 데 목적을 두고 있다.

가. 청소년들을 대상으로 아르바이트 관련 경험 및 인식 설문과 문헌 조사를 통하여 실태를 파악한다.

나. 업주들을 대상으로 고용 관련 경험 및 인식을 조사함으로써 상호적인 입장을 파악한다.

다. 청소년들이 노동자로서 보장받아야 할 법적 권리 및 제도를 파악한다.

라. 청소년들이 당면하고 있는 문제와 정책욕구를 파악하고, 세부적인 추진 방안을 제안한다.

4. 적합성

통계학과 진학을 희망하는 나에게 본 연구가 의미 있다고 생각했다. 많은 데이터 속에서 알짜배기 정보를 선별하면 누군가에게 도움이 될 것이기 때문이다. 따라서 청소년 근로자와 업주들의 설문조사를 통해 현상을 파악하고, 청소년 근무환경을 개선하는 데 통계조사 결과가 큰 도움을 줄 수 있을 것이라고 생각하게 되었다. 또한 이 연구는 내게 큰 도전이자 꿈을 향한 첫 걸음이다.

II. 이론적 배경

1. 청소년 아르바이트 경험과 청소년 발달의 관계

아르바이트 경험이 청소년기 발달에 미치는 영향을 개괄한다. 청소년들의 아르바이트가 청소년 발달과 교육결과에 미치는 영향에 관한 연구는 그간 심리학, 교육학, 사회학, 경제학 등 관련 분야에서 지속적으로 수행되어 왔다.

가. 학업적 발달

Bachman & Schulenberg(1993)는 청소년의 근로 경험이 성적, 대학진학 계획, 유급경험 등 교육과 관련된 모든 준거에 대해 부정적인 영향을 미친다고 보고하였다. 다만 양자 간의 관계와 관련하여, 이들은 노동 강도가 학업성취도를 저하시키는 원인이 될 수도 있지만, 반대로 과거의 낮은 성취와 학교에 대한 낮은 흥미가 노동을 하게 만드는 원인이 될 수도 있다고 하였다. 청소년들의 근로 강도와 생활 습관의 관계에 관심을 기울인 Shoenhals, Tienda & Schneider(1998)의 연구에서는 노동경험이 그 자체로 학업성취를 저하시키지는 않지만, 학교 결석을 증가시키고 이 같은 경향성이 노동이 중단된 이후에도 지속되는 것으로 나타나, 궁극적으로 학교중도탈락의 위험성을 높일 수 있음을 경고하였다. 또한 김예성(2006)의 연구에서도 청소년 아르바이트와 관련한 다양한 요인들이 청소년들에게 스트레스로 작용하여 그들의 전반적인 적응 수준에 부정적인 영향을 미치는 것으로 조사되었다. 이처럼 아르바이트 경험이 인지적·학업적 발달에 부정적 영향을 미치는 원인으로는 아르바이트에 쏟는 시간과 에너지가 학교에 대한 정서적 몰입을 감소시키기 때문에, 근로 시간이 증가할수록 학교 참여와 학업 성취 수준이 낮아진다는 제로섬(zero-sum) 설명이 대표적으로 거론된다(김예성, 2006). 제로섬 관점은 시간이라는 물리적 측면과 학문적 자기 개념, 열망, 학교에의 몰입, 학업에의 투자 등과 같은 사회 심리적 구성체에 적용할 수 있다.

이는 청소년의 아르바이트가 과제수행에 사용하는 시간이나 학교몰입 정도를 저하시킴으로써 학업적 측면에 부정적 영향을 미친다는 입장을 취한다. 이와 관련하여, Marsh(1991)는 시간의 총량이 정해진 상태에서 노동에 할애하는 시간의 비율이 증가하게 되면 이는 필연적으로 과제수행이나 학교활동에 소요되는 시간을 대체함으로써 궁극적으로 학업활동을 저하시키게 된다고 설명한다. 또한 물리적·신체적 에너지가 제한된 상태에서 아르바이트 참여 경험은 피로감을 증가시킴으로써 학업에 대한 집중을 방해하는 요인으로 작용하여 학업 수행에 불리하게 작용한다는 주장도 제기된다.

청소년 근로와 학업적 측면 간에는 부정적 연구결과가 우세하지만 양자 간에 별다른 관계가 없거나 혹은 긍정적 관계가 존재한다고 주장한 연구도 일부 보고되고 있다. 예컨대 D'Amico(1984)는 청소년 근로가 학업시간이나 학교에서의 활동시간을 감소시킬 수는 있지만, 학업성취에 부정적 영향을 미치지는 않는다고 주장하였다. D'Amico & Baker(1984)는 고등학교에서의 노동경험이 중도탈락 가능성을 감소시키고 학업성취를 평균 이상으로 증진시킬 수 있다고 주장하였다.

또한 Mortimer et al(1996)도 단시간 노동경험을 지닌 학생들의 성적이 노동경험이 없는 학생들에 비해 오히려 높다는 연구결과를 도출한 바 있다. 제한적이기는 하지만 아르바이트 경험이 학업성취에 긍정적인 영향을 미친다고 주장하는 학자들은 이런 논리를 주장한다. 아르바이트를 경험한 청소년들은 학교에서의 성공이 사회에서 좋은 일자리를 얻는 데 필수적이라는 사실을 아르바이트 경험을 통해 직접적으로 확인하게 된다는 것이다. 이로 인해 자신 스스로 학업성적을 높이고자 하는 동기를 부여받게 된다고 설명한다.

나. 심리·정서적 발달

심리·정서적 측면의 경우에는 연구결과가 다소 혼재되어 있다.

먼저 자아개념의 경우, 아르바이트가 청소년들의 자아개념 발달에 긍정적 영향을 미친다는 연구결과가 다수 관찰된다. 일군의 연구자들은 아르바이트 경험이 청소년들에게 독립성과 책임성, 실제적인 직업결정, 좋은 습관과 근로태도들을 육성시켜주며(김기헌, 2003), 자율성과 권한의 증가를 가져온다고 설명했다. 또한 노동이 변화된 자아개념과 새로운 정체성을 경험하게 함으로써 궁극적으로 사회적 자기개념을 형성하고 발전시키는 데 중요한 역할을 한다고 보았다(Marsh, 1991; 김정현, 2009에서 재인용). 또한 노동을 통한 성취로 적절한 보상을 받는 경험은 학업성취 영역에서의 실패로 저하되었던 자기효능감을 증진시키는 기제로 작용할 수 있다고 보았다(Larsen & Shertzer, 1987). 아르바이트 경험이 학교부적응 학생들에게 미치는 영향에 주목한 류방란·신희경(2011)의 연구도 이러한 맥락에서 이해할 수 있다. 질적 연구를 통해 분석한 이 연구에서 아르바이트 경험은 학교부적응 학생들의 자존감 증진에 도움이 되는 것으로 나타났다. 이같은 결과가 도출된 원인과 관련하여 이들은, 학교에 부적응하는 학생들은 학교에서 자존감을 느낄 기회가 거의 없지만, 아르바이트를 통해 돈을 버는 행위가 자신도 무엇인가를 해낼 수 있다는 효능감을 느끼는 계기로 작용한다고 설명한다. 또한 아르바이트는 청소년들에게 오감을 충족시키는 재미, 물건을 살 때 느끼는 선택감, 아르바이트로 돈을 벌고 그 돈을 쓰는 데서 오는 통제감 등을 느끼게 해준다고 주장한다. 이러한 욕구충족이 학교라는 고역을 견디는 원동력으로 작용한다는 것이다(류방란·신희경, 2011). 이 같은 결과를 토대로 이들은 청소년들이 가정과 학교에서 충족시킬 수 없는 자신에 대한 효능감을 아르바이트를 통해 충족시키고 있다고 보고하였다.

아울러 청소년들은 아르바이트를 통해 부모로부터 독립할 수 있을 뿐만 아니라, 가족에게 경제적 도움을 제공함으로써 자신감, 시간엄수, 신뢰성, 개인적 책임감 등 긍정적인 정신건강발달을 경험할 수도 있다고 보았다(Greenberger & Steinberg, 1986; 문성호, 2003). 그러나 이와는 달리 국내에서 수행된 조금주(2011)의 연구에서는 아르바이트에 참여한 청소년들이 상대적으로 낮은 자기존중감을 유지하는 등 부정적 관계가 있는 것으로 도출한 바 있다.

다. 사회적 발달

아르바이트 경험은 자신감이나 책임감, 인내력을 키우는 기회가 될 수 있으며, 아르바이트를 통해 만나게 되는 사람과의 관계는 인적 네트워크를 형성하는 데 도움을 줄 수 있다(김정현, 2009). 또한 아르바이트 참여 경험은 가정이나 학교 이외에 성인과 접촉하는 기회를 제공함으로써 청소년들의 사회화에 긍정적 영향을 미칠 수 있다고 설명한다. 이러한 연유로 아르바이트 경험은 사회적 관계 형성에 도움을 줄 수 있다.

또한 아르바이트는 부모와 긍정적 관계를 형성하지 못한 청소년들에게는 부모와의 갈등 상황을 벗어날 수 있는 도피처로 작용함으로써 오히려 관계 악화를 예방하는 데 도움을 주기도 한다. 그러나 이와는 상반되게, 청소년들의 근로경험은 가족과 보내는 시간을 감소시킴으로써 부모와의 관계를 저하시킨다는 연구결과도 보고된다(Sayfer, Leahy, & Colan, 1995). 이와 관련하여 한경혜(2000)

는 일하는 청소년들이 부모를 비롯한 가족구성원들과 상호작용할 시간이 줄어드는 게 문제라고 보았다. 부모의 통제를 덜 받게 되어 부모와 자녀 간 정서적 유대가 약화되는 경향이 있기 때문이라고 설명한 바 있다.

라. 청소년 비행

2003년부터 2008년까지 수집된 한국청소년패널조사 데이터를 분석한 바에 따르면, 아르바이트 경험이 있는 청소년들은 그렇지 않은 청소년들에 비해 비행 정도가 높게 나타났으며, 낮은 자기존중감을 보유하는 것으로 파악되었다. 부모와의 애착과 감독 정도 또한 아르바이트 경험이 없는 청소년들에 비해 낮은 경향을 나타냈다. 또한 이경상, 유성렬(2005), 박창남의 연구에서는 아르바이트를 한 경험이 있는 청소년들이 한 번도 경험하지 않은 청소년에 비해 음주, 흡연, 문제행동이나 폭력에 노출될 가능성이 더 높게 나타났다.

이처럼 아르바이트가 청소년들의 문제행동이나 비행 가능성을 높이는 이유와 관련하여, Steinberg & Greenberger(1980)는 아르바이트 공간 자체가 문제행동을 일으킬 수 있는 장소가 되고, 금전적 보상은 술이나 약물을 구입할 수 있는 경제적 수단으로 작용하며, 청소년들의 물질적 욕구를 증대시켜 문제행동을 일으킬 가능성을 증가시키고, 연장자와 어울리는 기회가 확대되어 불법적인 성인문화와의 접촉 기회로 작용하기 때문이라고 설명한다(김예성, 2006에서 재인용).

한편 국내에서 수행된 김기헌·유성렬(2006)의 연구에서는 한국 사회에서 청소년들이 참여하는 아르바이트 일자리가 대부분 교육적 효과를 기대할만한 것이 못 되기 때문에 문제 행동을 유발할 소지가 있다고 설명하였다. 청소년 아르바이트와 문제행동의 관계가 아르바이트 유형과 종류에 따라 차이가 있다는 일각의 연구 결과는 아르바이트 일자리의 성격에 따라 비행이 유발된다는 주장을 일부 뒷받침하는 연구로 볼 수 있다.

마. 진로·직업 발달

아르바이트는 청소년들이 자신의 미래를 구체화하고 준비해가는 기회로 작용한다. 이와 관련하여 육혜련(2014)이 가출청소년들의 아르바이트 경험에 대해 질적 연구를 수행한 결과는 다음과 같다.

가출청소년들은 아르바이트 과정에서 청소년이기 때문에 감내해야 하는 열악한 근로환경과 제한된 직업군, 부당 노동행위와 같은 현실의 장벽 앞에서 포기하고 돌아선다. 자신의 가정으로 복귀하는 일반 청소년들과는 달리 가출청소년이기 때문에, 자신의 삶을 책임져야 한다는 막중한 임무를 가지고 현실에 적응해 가는 양상을 나타냈다.

또한 아르바이트와 진로 발달의 관계를 구명한 연구들에 따르면, 아르바이트 경험은 직업에 대한 태도, 의견, 관습에 일정 부분 유의미한 영향을 미치는 것으로 파악되었다. 아르바이트 경험이 많은 학생들은 '여가와 취미가 희생된다면 직장을 옮길 수도 있다'라는 문항에 대해 긍정적 반응을 나타내고, '직업만큼 결혼이 중요한 것이다'라는 문항에는 부정적 반응을 나타내, 아르바이트 경험이 여가지향적인 직업태도를 비롯해 직업의견이나 관습에 영향을 미치는 것으로 조사되었다(장원섭, 1999; 구효진·최진선, 2006에서 재인용).

아울러 아르바이트는 청소년의 직업의식에도 영향을 미치는 것으로 보고된다. 장원섭(1999)이 청소년의 아르바이트 경험이 직업의식에 미치는 영향을 분석한 결과에 따르면, 고등학생들의 아르바이트 경험은 학생 자신의 진로와 직업에 대해 구체적으로 생각하게 하는 계기로 작용하는 것으로 보고된 바 있다. 또한 직업의 가치를 가족의 생계와 노후를 대비하기 위한 '안정적 가치', 일 자체에서 의미를 추구하는 '내재적 가치', 경제적 자립이나 사회적 지위를 확보하기 위한 '사회경제적 가치'로 구분하여 고등학생의 직업가치를 연구한 결과, 아르바이트 경험이 3회 이상인 학생은 사회경제적 가치를 보다 중시하는 것으로 나타났다(장원섭, 1999).

　이러한 결과는 아르바이트 경험이 고등학생에게 좀 더 현실적이고 외재적인 직업가치관을 형성하는 데 도움이 됨을 시사한다. 청소년기는 발달 단계상 새로운 것에 대해 두려워하며 갈등을 겪는 시기이지만, 동시에 끊임없이 새로운 것을 추구하는 시기이기도 하다. 이러한 발달 단계에서 청소년들이 아르바이트를 경험하며 배우게 되는 직업의식은 유아기와 아동기 동안 그들이 가지고 있던 부모에 대한 의존적인 사고에서 벗어나, 미래에 필요한 근로의식, 책임감, 자기희생정신, 성실함 등을 습득할 수 있는 좋은 기회라는 측면에서 중요한 의미를 지닌다(구효진·최진선, 2006).

　한편 청소년기 아르바이트 경험이 진로 발달을 매개하여 추후 노동시장 성과에 영향을 미칠 수 있다는 견해도 제기된다. 근로 경험은 청소년들에게 자신의 진로에 대해 좀 더 구체적으로 생각해보는 기회를 제공해줄 뿐만 아니라, 직업세계의 현실을 보다 분명히 이해할 수 있고, 미래의 직업을 결정하는 데 중요한 영향을 미치며, 졸업 후 직업생활을 하는데 긍정적인 영향을 미친다는 점에서 교육적인 효과가 있다는 것이다(김정현, 2009).

　해외에서는 이와 관련한 연구들이 다수 축적되어 왔는데, 대다수의 연구들이 중·고등학생 때의 노동경험이 졸업 이후 고용상황과 임금에 대해서 대체로 긍정적 효과가 있었음을 보여준다. 그 이유는 재학 중 노동경험으로 인해 청소년들이 직업과 관련된 기술과 지식을 향상시킬 기회를 부여받기 때문이다(박창남, 2010). 이와 관련하여, 10년 간의 종단자료를 분석한 Carr, Wright, & Brody(1996)의 연구는 청소년들의 아르바이트 경험이 미래를 준비하는 데 도움이 될 수 있으며, 특히 노동시장 성과를 증진시키는 데 기여한다고 보고한 바 있다.

　고등학교 기간 동안의 시간제 고용의 경험은 졸업 이후의 취업과 직업 및 급여에 긍정적인 영향을 미친다는 것이다. 이 같은 결과는 긍정적인 청소년기 아르바이트 경험이 미래를 준비하는 데 기여할 수 있음을 시사한다.

바. 경제의식 및 소비습관

아르바이트는 청소년의 경제의식이나 소비행동 및 소비의식과도 밀접한 관련이 있는 것으로 거론된다. 이와 관련해서는 아르바이트를 하는 청소년의 다수가 소비욕구 충족을 위해 아르바이트를 하며, 이렇게 번 돈을 지출에 대한 정확한 계획 및 목적 없이 순간적으로 소비한다는 인식이 존재한다. 또한 Greenberger & Steinberg(1986)은 청소년들이 스스로 돈을 버는 경험은 부모에 대한 경제적 의존을 감소시키는 경향이 있긴 하지만 돈을 자유롭게 쓸 수 있게 되면서 오히려 부모에게 용돈을 받을 때보다 더 높은 수준의 소비를 유지하기 위해 더 많은 돈을 사용하게 만드는 결과를 초래한다고 주장한 바 있다(김정현, 2009에서 재인용).

이러한 연유로 청소년들은 아르바이트로 용돈을 벌거나 다른 무언가를 사기 위한 수단적인 의미로 간주하는 경우가 많고, 올바른 경제의식이 부족하다는 지적도 제기되었다(구효진·최진선, 2006).

그렇지만 이러한 사회적 관념과는 달리, 실제 수행된 연구 결과는 아르바이트가 청소년의 경제관념 발달에 긍정적으로 작용할 소지가 있음을 보고한다. 이와 관련하여 김정현(2009)은 청소년들이 아르바이트를 통해 돈을 버는 경험은 그것이 곧 계획적 소비행위로 이어지지는 않더라도, 적어도 기존에 가지고 있던 '돈에 대한 인식'을 변화시키는 데 기여함으로써 청소년들의 경제관념 발달에 긍정적으로 작용할 수 있다고 주장한다. 또한 구효진과 최진선(2006)의 연구에서는 아르바이트 경험이 있는 청소년들은 아르바이트 경험이 없는 청소년들보다 적극적인 방법으로 자신들의 소비욕구를 해결하고 저축도 더 많이 하는 것으로 파악되었다.

같은 맥락에서 도종수(2001)는 아르바이트를 경험한 청소년들은 친구관계가 늘어나고 소비수준이 높아지며 경제관념이 획득되는 등의 영향을 받는다고 하였다. 한편 한경혜(2000)가 청소년의 아르바이트 과정과 의미에 대해 질적 연구를 수행한 결과에 따르면, 대부분의 청소년들이 소비욕구를 충족하기 위한 목적에서 아르바이트에 참여한다. 하지만 뚜렷한 목표를 가지고 아르바이트에 참여하는 경우와 아르바이트 과정에서 어려운 책임을 수행하는 경우, 또는 부모가 긍정적이고 적극적으로 관여하고 지지하는 경우에는 소비생활에서도 긍정적인 경험을 하는 것으로 나타났다.

Ⅲ. 연구 방법

1. 청소년 아르바이트 실태 파악

가. 청소년 아르바이트 관련 경험 및 인식 설문조사

고등학교에 재학 중인 2학년 학생들을 대상으로 청소년 노동시장의 긍정적 변화를 위한 '청소년 아르바이트 관련 실태 조사'를 실시하였다. 응답자의 기본 인적사항, 종사한 업종, 근로 기간, 부당대우 경험 유무와 그 종류, 최저임금 지급 유무, 근로계약서 작성 유무, 아르바이트를 하는 이유 등을 설문하였다. 아울러 추가적으로 2013년도 한국청소년정책연구원에서 수행한 청소년 아르바이트 관련 데이터와의 비교를 통해 청소년들의 아르바이트 경험 및 인식 변화를 분석하였다.

안녕하세요. 저는 '청소년 아르바이트 실태 조사 및 체질 개선방안'에 대한 연구를 위한 설문조사를 하고 있습니다. 본 설문조사와 관련된 모든 정보는 연구 이외의 용도로만 사용됩니다. 여러분의 답변이 저의 연구에 큰 힘이 되오니 번거로우시더라도 성의 있게 답변해주시길 부탁드립니다. 감사합니다.

1. 인적사항

1) 귀하의 성별은 어떻게 되나요?

① 남자   ② 여자

2) 귀하의 나이를 기재해주세요. (   )세

3) 귀하는 아르바이트 경험이 있나요?

① 예   ② 아니요

2. 청소년 아르바이트 실태조사

1) 종사했던 아르바이트의 종류는 무엇인가요?

① 편의점   ② 식당   ③ 카페   ④ 기타

2) 근로기간은 어떻게 되나요? (   )개월

3) 아르바이트 기간 중 부당한 대우를 받은 경험이 있나요?

① 예   ② 아니요

4) (3번 문항 ①번을 선택한 사람에 한하여) 어떠한 부당 대우를 경험했나요?

   (중복가능)

① 손님 또는 고용주로부터 수치심을 느낄만한 발언을 들었다.

② 근무시간에 할당되는 시급(최저시급)을 지급받지 못했다.

③ 근무하기로 정해진 시간 외에 초과근무를 하였다.

④ 근무와 관련되지 않은 사적인 일 또는 행동에 대해서 해고 협박을 받았다.

⑤ 기타(   )

5) 아르바이트 기간 중 최저임금을 지급받았나요?

① 예   ② 아니요

6) 아르바이트 시작 당시 근로계약서를 작성하였나요?

① 예   ② 아니요

7) 아르바이트 시작 이유는 무엇 때문인가요?

① 내 취미생활에 투자할 여웃돈을 마련하기 위해서

② 생계유지 또는 가정 살림에 보탬이 되기 위해서

③ 사회경험을 미리 경험해보기 위해서

④ 진로를 찾기 위해서

⑤ 기타(   )

감사합니다~^^

나. 업종별 청소년 아르바이트 관련 실태 조사

2014 한국청소년정책연구원에서 수행한 청소년 아르바이트 실태조사 데이터를 활용하여 청소년들이 아르바이트하는 업종별 구직경로, 근로환경 및 근로조건, 임금, 안전, 근로권익 보장 실태 등을 묻는 심층 면접조사 데이터를 정리 및 분석하였다.

2. 청소년 아르바이트에 대한 고용주들의 인식 조사

가. 청소년 고용에 대한 관련 경험 및 인식 인터뷰

현재 청소년을 아르바이트생으로 고용하고 있는 고용주들을 대상으로 '청소년 아르바이트생 고용 관련 인식조사'를 실시하였다. 청소년 아르바이트생과 성인을 비교하였을 때 격차 여부와 그 정도, 청소년 아르바이트생이 성인과 같은 최저시급을 받는 것에 대한 의견과 그 이유 등을 인터뷰하였다. 고용주들이 바라는 청소년 노동사회가 청소년 아르바이트생들이 바라는 사회와 어떠한 면에서 차이가 있는지 비교 분석하였다.

3. 청소년 아르바이트 관련 법률 및 정책 분석

가. 법률 관련 문헌 조사

노동자라면 누구나 보장받을 수 있는 법적 권리와 제도 그리고 청소년 노동자로서 특별히 보장받을 수 있는 권리 등을 문헌을 통해 조사하였다. 「근로기준법」, 「최저임금법」, 「기간제 및 단시간 근로자 보호 등에 관한 법률」, 「청소년보호법」, 「고용보험법」 등에 나타난 청소년 아르바이트 관련 법률들을 정리하였다.

4. 청소년 근로사회 개선을 위한 과제 도출

가. 청소년 아르바이트 실태와 관련 법률 비교 및 분석

청소년 아르바이트 실태와 청소년 아르바이트 관련 법률 및 제도를 비교 및 분석하여, 현재 청소년 근로사회의 문제점을 파악하고 이를 개선하기 위한 과제를 도출하였다.

나. 전문가 자문

2014 한국청소년정책연구원에서 청소년 아르바이트 관련하여 개최하였던 정부부처, 학계, 교사, 청소년노동인권 현장 활동가 등을 대상으로 전문가 자문회의의 서기 기록을 분석한다.

Ⅳ. 연구 결과

1. 청소년 아르바이트 실태

가. 청소년 아르바이트 관련 경험 및 인식 설문조사(150명의 청소년 대상)

구분	내용
조사 대상	전국 시도 만 14세~18세 사이의 재학 중인 청소년
표본 크기	총 150명
조사 방법	구조화된 웹 설문지를 통한 온라인 조사 인쇄된 설문지를 통한 오프라인 조사
자료 처리 방법	수집된 자료는 프로그래밍을 과정을 거쳐 통계패키지 SPSS에 의해 통계 처리
조사 기간	2017년 7월 1일 ~ 10월 31일

1) 아르바이트 경험 여부

① 경험이 있다.(41.7%)　　② 경험이 없다.(58.3%)

2) 아르바이트 경험 업종

① 식당(36%)　　② 편의점(32%)　　③ 기타(28%)　　④ 카페(4%)

3) 아르바이트 부당대우 경험 여부

 ① 경험이 있다.(80%)   ② 경험이 없다.(20%)

4) 겪은 부당대우 종류

 ① 손님 또는 고용주로부터 수치심을 느낄만한 발언을 들었다.(45%)

 ② 최저시급을 지급받지 못하였다.(25%)

 ③ 근무하기로 정해진 시간 외에 초과 근무를 하였다.(20%)

 ④ 기타(10%)

5) 청소년 노동시장 여건 개선에 대한 인식

 ① 필요하다.(100%)   ② 필요하지 않다.(0%)

6) 청소년 노동시장 개선을 위한 방안 마련 매체

 ① 법(86.4%) ② 광고(6.8%) ③ 캠페인(6.8%)

7) 청소년 노동시장 개선 방안 마련을 위한 한마디(서술 답 일부 발췌)

- 청소년의 아르바이트에 대한 권리보장 법안이 있으나, 법을 밀접하게 접할 일이 없기에 이를 몰라 부당한 대우를 받는다고 생각한다. 따라서 청소년들이 자신의 노동에 대한 정당한 대가를 받을 수 있도록 관련 법안을 교육하는 캠페인이 필요하다고 생각한다.

- 아르바이트생이 손님에게 부당한 일을 당할 시 대처할 수 있는 법안이 있어야 한다.

- 청소년 급여는 고용주가 국가나 지자체에 신고 후 급여를 세금으로 내고, 고용주로부터 받은 급여를 국가에서 지급해야 정당한 노동 대가를 받을 수 있다.

- 부당한 대우에 대해 처벌, 혹은 보상을 받을 수 있는 법을 많이 알려야 하지 않나 싶다.
- 떼인 돈을 받기 위해 몇 날 며칠 고생한 친구들을 보았다. 최저임금 미보장 시 영업정지 등 지금보다 더 강력한 노동자 보호 정책이 있어야 한다. 떼인 돈을 받는 과정을 최대한 간소화하여 업주에게는 강력하고 노동자에게는 마음 편히 받을 수 있는 법이 마련되어야 한다.
- 일단 법이 확실하게 적용된 이후 모든 사람이 '어! 저렇게 하면 부정이잖아!' 라고 알 수 있도록 동네방네 광고해야 한다.
- 부당한 대우에 대해 신고했을 때, 신고자를 보호해줘야 한다.
- 이미 관련 법안들이 충분히 제정되었음에도 불구하고 현실은 열악하다. 그러니 노동부 측에서 고용주와 아르바이트생을 직접 접촉하여 조사하고 벌금 혹은 영업정지 시스템을 강화해야 한다.
- 주휴수당이 법으로 정해져 있음에도 불구하고 안 지키는 고용주들이 정말 많다. 그렇기 때문에 차라리 광고로 자극을 주는 게 좋을 것 같다. '주휴 수당을 줍시다!' 이런 광고는 효과적이지 않을 수도 있으니, '주휴수당 미지급 시 가게를 닫을 수도 있다.'와 같이 자극적인 광고를 할 필요가 있다.
- 법은 잘 모르지만, 근무 외 다른 일을 시켰으면 그에 대한 정당한 비용을 지급해주길 바란다. 이에 대해 법적으로 제재해 주었으면 좋겠다.
- 성희롱, 성추행, 갑질과 관련된 법들을 사람들에게 많이 알렸으면 좋겠다. 법을 어길 경우 벌금을 낼 수 있다는 캠페인이 필요하다.
- 최저시급이나 근무 시간 등 지켜지지 않고 있는 것들을 더 강하게 처벌해야 한다.
- 광고를 체계적으로 만든 후 틈틈이 광고가 되었으면 좋겠다.
- 우선 공익광고로 하여 청소년이 겪는 아르바이트 문제를 대중들도 느낄 수

있도록 하는 것이 좋을 것 같다.

- 통신원 전화 연결 전에 '사랑하는 우리 엄마가 연결해드립니다.' 등의 소리를 넣음으로써 실제 욕하는 사람이 줄어들었던 캠페인이 있었다. 그런 것처럼 사람들의 인식을 변화시킬 캠페인이 만들어졌으면 좋겠다.

나. 업종별 청소년 아르바이트 관련 실태 심층 면접 조사

1) 조사 개요

2014년 8월 22일부터 9월 26일까지였으며, 면접당 약 1시간 30분에서 2시간 정도 소요되었다. 면접 장소는 피면접자의 집이나 거주지 인근의 카페, 학교 등에서 면대면으로 진행하였다. 면접조사 대상자 섭외는 아르바이트 신고센터에 접수된 신고자와의 접촉, 아르바이트 지킴이 활동 참여자 접촉, 피면접자의 소개, 설문조사 업체의 소개, 거리 섭외 등을 통해 이루어졌다.

2) 조사 내용

심층면접조사의 내용은 업종별 실태조사의 설문조사 내용을 기본 틀로 하여 양적 조사를 보완하는 목적으로 수행되었다. 따라서 조사 내용은 구직경로, 근로환경 및 근로조건, 임금, 안전, 근로권익 보장이다.

2. 청소년 아르바이트에 대한 고용주들의 인식

가. 청소년 고용에 대한 관련 경험 및 인식 인터뷰(편의점 점주 대상)

Q1) 현재 파트타임 아르바이트생들 중에 청소년 아르바이트생이 몇 명 있나요?
평일, 주말해서 총 6명 아르바이트생이 있고, 그 중 4명이 청소년 아르바이트생들이에요.

Q2) 청소년 아르바이트생과 성인 아르바이트생을 비교하였을 때 노동 역량에서 큰 차이가 있나요?

편의점이다 보니까 근무 역량은 나이보다는 경험에 좌우하죠. 그것도 단순 업무다 보니 몇 개월 이상만 하면 일도 다 비슷비슷하게 해요. 그러니 청소년이랑 성인을 비교해도 역량에서는 별 차이 없어요. 그런데 청소년을 고용할 경우에는 대부분 근무기간이 비교적 좀 짧아요. 그렇다 보니 경험이 몇 번 있지 않는 이상 고용을 잘 안 하려고 하죠. 익숙해질 즈음에 다 그만둬버리니까요.

Q3) 청소년 아르바이트생이 성인과 같은 최저시급을 받는 것에 대해 어떻게 생각하세요?

최저시급은 청소년이라도 줘야 하는 게 맞긴 하죠. 저도 몇 가지 조건하에 지급을 하고 있고요. 그런데 대부분 안 주려고 해요. 최저시급을 굳이 다 주지 않아도 일을 하려고 하니까 다 챙겨주는 게 아깝다고 생각하는 것 같아요.

3. 청소년 아르바이트 관련 법률 및 정책

가. 청소년 근로 보호 관련 법제 현황

1) 근로기준법

근로기준법의 적용을 받는 근로자는 하는 일이 무엇이든 "임금을 목적으로" 일하는 사람이라고 정하고 있다. 따라서 18세 미만의 일하는 청소년(근로기준법상 "연소근로자", 이하 연소근로자)은 근로기준법의 모든 규정을 적용받을 뿐 아니라 동법 제5장(여성과 소년)에서 취업 가능한 연령과 노동시간, 독자적인 임금 청구 등을 명시하여 연소자의 노동권을 보호하고 있다.

① 노동 가능한 최저 연령과 취직인허증

② 유해하고 위험한 일 금지 등

③ 일하는 시간 등의 제한

④ 근로계약서 서면 교부와 위약 예정의 금지

⑤ 독자적 임금 청구

2) 최저임금법

최저임금은 노동자의 생계비, 유사노동자의 임금 및 노동생산성을 고려, 사업의 종류별로 구분하여 최저임금심의위원회의 심의를 거쳐 노동부장관이 정하도록 규정하고 있다. 심의위원회는 근로자·사용자·공익을 대표하는 근로자위원·사용자위원·공익위원 등 각 9인으로 구성된다. 특히, 사용자가 이 법에 의한 최저임금을 이유로 종전의 임금 수준을 저하시킬 수 없도록 규정하고, 이를 위반한 자는 3년 이하의 징역 또는 1,000만 원 이하의 벌금에 처하거나 이를 병과할 수 있도록 하였다.

또 최저임금의 적용을 받는 근로자와 사용자 사이에 최저임금액에 미달하는 임금을 정한 근로계약은 그 부분에 한하여 무효가 됨을 규정하고 있다. 그러나 신체의 장애 등으로 근로능력이 현저히 낮은 자에 대한 최저임금의 적용은 제외하고 있다.

총칙, 최저임금, 최저임금의 결정, 최저임금심의위원회, 보칙, 벌칙 등 6장으로 나뉜 전문 30조와 부칙으로 되어 있다.

3) 직업안정법

직업안정법은 직업소개, 직업지도 등 직업안정을 도모하기 위해 만들어졌다.

근로기준법과 직업안정법 제21조의3(연소자에 대한 직업소개의 제한) ① 제18조 및 제19조에 따라 무료 직업소개사업 또는 유료직업소개사업을 하는 자와 그 종사자(이하 이 조에서 "직업소개사업자 등"이라 한다)는 구직자의 연령을 확인하여야 하며, 18세 미만의 구직자를 소개하는 경우에는 친권자나 후견인의 취업동의서를 받아야 한다. ② 직업소개사업자 등은 18세 미만의 구직자를 「근로기준법」 제65조에 따라 18세 미만 자의 사용이 금지되는 직종의 업소에 소개하여서는 아니 된다. ③ 직업소개사업자 등은 「청소년 보호법」 제2조제1호에 따른 청소년인 구직자를 같은 조 제5호에 따른 청소년유해업소에 소개하여서는 아니 된다.

4) 청소년보호법

청소년보호법은 유해한 환경으로부터 청소년을 보호할 목적으로 만들어진 법으로 연소근로자에 대한 직접적인 보호 규정을 명시하고 있지 않다. 다만 청소년에게 유해한 업소의 출입과 고용을 금지하는 업소를 규제하고 있어 근로기준법상 연소근로자 사용금지 직종과 연관되어 있다. 또한 청소년보호법상 청소년은 만 19세 미만으로 근로기준법의 만 18세 미만 연소근로자 규정과 다르게 정하고 있다.

4. 청소년 근로사회 개선을 위한 과제 도출

- 단기 아르바이트도 근로계약서를 작성하고 일을 할 수 있는 사회
- 아르바이트의 인권도 보장받을 수 있는 사회
- 노동시장의 문화 개선을 통한 아르바이트생도 인권이 있다는 것을 알고 있는 사회

V. 연구 결론

많은 청소년들이 아르바이트 경험을 하고 있다. 그런데 아르바이트를 하면서 근로계약서를 작성한 적이 없는 경우가 많다는 것을 알게 되었다. 그래서 언제 해고될지 모르는 불안한 상황 속에서 일을 하고 있다. 청소년들이 부당한 대우를 받지 않고 정당한 권리를 행사하면서 아르바이트를 할 수 있는 노동시장 문화가 형성되기를 바란다. 그리고 제도적으로 보완되어 법으로 권리를 보장받고 퇴직금도 받을 수 있는 문화가 형성되기를 바라고 있다.

VI. 참고문헌

• 구효진, 최진선(2006). 아르바이트 경험과 청소년들의 경제의식 및 근로의식 간의 관계
• 김예성(2006). 학교청소년의 시간제 노동 경험과 적응에 관한 연구. 서울대학교 대학원 박사학위 청구논문.
• 문성호(2003). 청소년의 노동시장 참여와 비행
• 이경상, 유성렬, 박창남(2005). 청소년 아르바이트 참여경험의 실태 및 학교부적응 관련 효과
• 노동부(2009). 2009 청소년 아르바이트 실태조사

● **탐구보고서 작성에 참여한 계기**

주위 친구들이 아르바이트를 해서 본인이 필요한 물건들을 샀다는 이야기를 종종 듣곤 했다. 그리고 여행을 좋아하여 아르바이트를 하는 사촌동생에게서 근무 환경의 심각한 내용들을 듣게 되면서 아르바이트에 관심을 가지게 되었다. 사촌 동생뿐만 아니라 내 친구들도 겪고 있는 문제점을 알아보기 위해 청소년들의 아르바이트 실태를 조사하고, 청소년들을 위한 아르바이트 근무환경의 문제점을 보완하면 좋겠다고 생각하고 연구를 진행하였다.

● **탐구보고서 작성 과정**

먼저 청소년 아르바이트 관련 경험과 인식에 대한 설문조사를 같은 학년 친구들 150명을 대상으로 진행하여 결과를 분석하였다. 그리고 한국청소년정책연구원에서 수행한 아르바이트 실태조사를 업종별로 활용하였다. 그런데 선행연구와 결과가 비슷하지 않아 왜 그런지 그 이유를 조사하면서 표본을 잘못 선정하게 되었다는 것을 알고, 인근 남학교 학생들까지 해서 추가적으로 150명을 더 설문조사하였더니 선행연구와 비슷한 결과값을 얻게 되었다.

그리고 청소년들과 일반인들이 아르바이트를 할 때 고용주들의 태도는 어떠한지도 조사했다. 마지막으로 청소년 아르바이트 관련 법률 및 정책분석을 하면서 청소년 아르바이트생들에게 도움이 될 수 있는 과제를 도출하였다.

● **탐구보고서 작성 후 배운 점**

인터넷 기사에서만 보더라도 우리 주변에서 갑질이 많다는 사실에 놀랐다. 청소년 아르바이트생들이 일반인보다 더 어리다는 이유로 무시하는 경우와 기본적인 근로계약서도 작성하지 않고 일을 시키는 경우도 많다는 사실을 알게 되었다. 지금도 어떠한 목적을 위해 아니면 가정형편상 아르바이트를 하는 청소년들이 많은데 이들이 부당한 대우를 받지 않도록 제도적 법제화가 시급하다고 생각한다. 그리고 청소년들도 본인의 정당한 권리인 투표 연령을 낮추어 청소년을 위한 법률 제정과 청소년을 위한 지원들이 더 많아졌으면 좋겠다.

단기 프로젝트

건축·토목계열

📍 제목 : 조선시대 건축기법과 현대 한옥 건축물 비교 : 수원 화성을 중심으로

1. 탐구동기

수학여행 중 자유주제 코스로 유네스코 세계문화 유산인 '수원 화성'을 선택하여 조선 시대 건축 기법에 대해 알아보고, 현대 한옥 건축물과 비교 분석하기 위해 선택함.

2. 탐구설계 및 활동

1) 사전활동 : 정조 시대 상황을 역사 교과서로 정리함.
화성행궁, 화령전, 화성행궁 위치와 이동시간과 체험시간을 계산하여 동선을 정리함. 『수원 화성(정조의 꿈이 담긴 조선 최초의 신도시)』를 읽고 조원들과 토론 진행

2) 화성행궁 체험기
- 위치적 의의
- 화성행궁의 역사
- 건축물의 의의

3) 화령전 체험기

• 위치적 의의

• 화령전의 역사

• 화령전의 제례 의식

4) 수원 화성

• 위치적 의의 및 건축 목적

• 수원 화성의 역사

• 현재 수원 화성의 활용도

• 건축 기법(동양과 서양의 만남) 및 사용된 기구

5) 수원 화성을 이용한 현대 건축물

3. 탐구결론

사진으로 볼 때는 크고 멋있다는 생각만 했는데, 이번 탐구를 계기로 건축성 또한 위대한 세계 유산이라는 것을 알게 되었다. 특히 동양의 건축 양식과 서양의 건축방법이 합작해 완성한 부분이 매력적이었다. 그리고 역사 속 정조와 실학자들의 자연관과 통치 이념을 엿볼 수 있었다.

건축을 전공하고 싶은 나는 수원 화성의 건축 기법도 도움이 되었지만, 지금 현재 수원 화성이 이 시대에 잘 맞게 어우러져 있다는 게 더 매력적이었다. 수원의 도시계획 속에 그 시대를 보존하면서 도시 사람들의 삶의 방식과 관계망이 만들어졌다고 생각한다. 미래 건축학자로서 새로운 무언가를 만들어내기보다는 과거와 현재의 어울림이 중요하다고 생각한다. 그리고 그런 건축물을 만들고 싶다.

생물·화장품계열

📍 제목 : 냉장고 속 GMO(유전자변형물)를 찾아라

1. 탐구목적

우리 주변에 GMO식품들이 많이 있는데 구체적으로 표시가 되지 않아 잘 모르고 섭취하는 경우가 많다는 것을 체험활동을 통해 알게 되었다. 그래서 우리 집 냉장고 속에는 어떤 GMO식품이 있는지 알고 싶어 탐구하게 되었다.

2. 탐구방법

친구 3명의 냉장고 속 식품의 뒷 표기란에 적혀있는 식품을 파악하였다. 이후 GMO식품을 활용한 식품첨가제를 조사하여 이 식품첨가제가 있는 제품도 추가적으로 조사하였다.

3. 탐구결과

유전자재조합기술을 통해 만든 식품들이 많이 있다는 것을 알게 되었다. 주재료에는 GMO함유라는 표시가 제대로 있었지만, 식품첨가제에는 제대로 표시되지 않았다는 것을 알게 되었다. 또한 소스류에도 제대로 표기가 되지 않았다는 것을 알게 되었다. 소비자들이 선택할 수 있는 권리를 제공하는 것이 매우 중요하다고 생각하게 되었다.

4. GMO식품을 알리는 캠페인 활동진행

1) 유전자 조작식품의 이용 분야

콩 간장, 된장, 고추장, 두부, 콩나물, 식용유, 버터, 마가린, 콩 과자, 마요네즈, 커피크림, 옥수수 콘 샐러드, 콘 스낵, 옥수수유, 시리얼, 물엿, 빵, 맥주, 당면, 녹말가루, 건조감자, 토마토케첩, 스파게티 소스, 파스타, 피자소스, 땅콩버터, 참치통조림, 유채 카놀라유 등 냉장고 속 식품의 대부분을 차지하고 있다.

2) GMO의 장점과 단점

① **장점** : 2050년 전 세계 인구가 100억 명까지 급증한다고 한다. 또한 아직도 식량부족으로 인한 기아로 힘들어하는 사람들이 많다. GMO는 병충해와 척박한 환경에서도 잘 자라날 수 있으며, 농약 사용량도 줄일 수 있어 환경오염 감소효과도 있다.

② **단점** : GMO는 인체에 유해하다는 게 동물 실험을 통해 밝혀졌다. 또한

유전자조작으로 인한 알레르기 유발, 독소 발생, 항생물질 내성 등의 문제점이
있다.

5. 활동 후 나의 생각

GMO의 문제점이 많지만 긍정적인 부분도 있다는 것을 알게 되었다. 유전자
가위기술을 이용하여 단점을 최소화하고, 장점을 극대화하여 건강까지 챙길 수
있는 기술을 개발하는 연구원이 되고 싶다.

제목 : 먹다 남은 맥주로 탄 냄비를 닦을 수 있을까?

1. 탐구동기

어머니가 곰탕을 끓이시다가 깜박하고 냄비를 태우셨다. 어머니는 냄비를 깨끗하게 닦아낼 방법을 알아봐 달라고 하셨다. 인터넷을 검색하니 먹다 남은 맥주로 세척이 가능하다는 것을 알게 되었고 탐구해보기로 했다.

2. 탐구내용

1) 먹다 남은 맥주의 탄 물질 제거능력 비교
2) 먹다 남은 맥주의 성분 조사 탐구

3_1. 탐구설계

1) 냄비 3개에 설탕 한 스푼(10g), 물 200ml씩 넣는다.
2) 바닥을 동일하게 태운다.
3) 탄 냄비에 각각 물 200ml, 물 100ml+맥주 100ml, 물 50ml+맥주 150ml를 넣는다. 그리고 같은 시간만큼 끓여준다.
4) 탄 물질이 얼마만큼 제거되었는지 확인한다.

4_1. 탐구결과

1) 물만 넣고 끓인 냄비는 5% 정도만 제거되고, 맥주를 넣고 끓인 냄비는

90% 이상 제거되었다.

2) 맥주를 넣은 양이 많을수록 제거율이 높았다.

3_2. 탐구설계

1) 맥주 속에는 탄산, 효모 등이 있는데 시간이 지나면 생성되는 물질을 확인해봤다.

2) 일주일 정도 지나면서 하얀 물질이 생겼고, 시큼한 냄새가 났다.

4_2. 탐구결과

1) 시큼한 냄새는 아세트산으로 알코올이 발효해서 생성되었다.

2) 하얀 물질은 누룩곰팡이로 포도당과 알코올을 세척할 수 있는 글루콘산이 생성되었다.

5. 탐구결론

맥주 자체에도 세척력이 있지만, 공기 중에 둘 경우 누룩곰팡이가 쉽게 자라게 되며, 누룩곰팡이는 세척력이 우수한 글루콘산과 아세트산을 만들어낸다. 글루콘산은 주로 금속의 세척제로 활용되며 아세트산은 비누의 계면활성제와 비슷한 성질을 지녀 세척력을 높여준다는 것을 알게 되었다.

6. 알게 된 점

먹다 남은 맥주는 합성세제보다 탄 냄비나 기름 때, 변색 등을 더 효과 있게 세척한다.

의학·보건계열

 제목 : 노인환자들의 중복처방으로 인한 문제점 실태

1. 탐구동기

요양병원에서 봉사활동을 하며, 많은 어르신들이 다량의 약을 남용하고 있다는 걸 알게 되었다. 이 때문에 중복처방으로 인한 약물 부작용에 관심을 가지고 탐구하게 되었다.

2. 탐구내용

1) 어떤 약을 복용하는지 조사
2) 약을 복용하는 방법을 알고 있는지 조사

3. 탐구설계

1) 노인환자를 대상으로 설문조사를 한다.
• 어떤 질병을 앓고 있나요?
• 어느 병원을 다니고 어떤 약을 먹고 있나요?
• 약을 복용하는 시기는 알고 있나요?
• 건강을 위해 추가적으로 복용하는 건강보조식품은 어떤 것이 있나요?
• 약을 다량 복용하면서 부작용을 얻은 적이 있나요?

2) 복용하는 약들의 적절성에 대한 평가도구로 Beers Criteria를 이용하여 분석하였다.

4. 탐구결과

1) 고혈압, 당뇨약, 뇌혈관 또는 심혈관 질환 등 3가지 이상 질병으로 다량의 약을 복용하고 있다.

2) 어르신들이 정확한 시간에 약을 복용하는 게 아니라 약 먹는 것을 잊지 않기 위해 식사 후 한꺼번에 복용한다는 사실을 알게 되었다.

3) 자신이 복용하는 약이 무엇인지 잘 모르는 분도 100명 중 13명이나 되었다.

4) 부작용은 속쓰림이 20%를 차지했으며, 그 이외에도 두근거림 등이 있었다.

5) 비스테로이드 소염제(NSAIDs)와 아스피린 약은 위장관 출혈, 신부전, 혈압상승과 심부전의 증상에 부적합한 약이다. 그러나 전체 대상자 중 27%가 복용하고 있어, 부적절 처방 중 가장 많은 수를 차지하였다. 일정 용량 이상의 Amitriptyline은 '항콜린성 효과와 진정작용 효과 때문에 노인환자에게 사용하지 않도록 한다.'라고 알려져 있으나, 부적절한 처방이 6%였다.

5. 탐구결론

복용 약물의 수가 많은 환자일수록 약물 부작용을 많이 경험하거나 복용 약물에 대한 지식이 부족한 것을 관찰할 수 있었다. 그리고 이들이 복용하는 약 중에는 부적절하게 처방된 약물의 비율이 상대적으로 높게 나타난 것을 확인할 수 있었다.

6. 알게 된 점

　노인들은 신체 노화에 따라 간기능이나 신장기능 등의 생리적 기능이 저하되어 있다. 이로 인해 건강한 일반인보다 약물에 대한 용량 및 종류의 증가에 따른 부작용에 쉽게 노출되어 있다. 특히 신체기능 저하, 만성질환 증가, 의식상태 저하, 수입 감소 등으로 동일한 약물 처방에 대해서도 부작용 발현의 위험성과 약물 상호작용에 대한 취약성이 증가했다. 그러나 복약순응도 저하 등으로 복합적인 만성질환의 대응을 위해 다양한 약물처방이 이루어질 수밖에 없다.

7. 해결방안

　스마트 원격진로를 통한 환자 종합관리로 중복 복용이 되지 않도록 하는 시스템이 하루 빨리 도입되어야 한다.

전기·전자계열

📍 제목 : 일상생활 속 전자기기에서 나오는 전자파에 대한 궁금증 해결

생활 속 전자파의 의미와 종류, 유해성, 그리고 전자파가 많이 나오는 물건에 대해 알아본다.

1. 전자파의 의미

전자파는 전기장과 자기장의 2가지 성분으로 구성된 파동으로서 공간상에서 광속으로 전파한다. 전자기파는 광자를 매개로 전달되며 파장의 길이에 따라 전파, 적외선, 가시광선, 자외선, X선, 감마선 등으로 나뉜다. 전파(電派)는 전자파의 일종으로서 그 주파수가 3000GHz(1초에 3조번 진동) 이하의 것을 말하며, 여러 가지 형태로 이용되고 있다.

2. 전자파의 종류

(1) **적외선(Infrared Rays, 赤外線)** : 전자파 중에서 가시광과 밀리파 사이에 있다. 파장이 대략 0.7~수백mm의 범위에 드는 빛으로 파장 1mm 부근을 발광하는 반도체 레이저가 광통신에 이용된다.

(2) **가시광선(빛; Visible Light, 可視光線)** : 인간의 눈으로 느낄 수 있는 400~700nm의 파장을 가진 광선. 400nm 이하의 짧은 파장을 자외선, 700nm 이상의 긴 파장을 적외선으로 분류한다.

(3) 자외선(Ultraviolet Ray, 紫外線) : 보랏빛보다 파장이 짧고 눈에 보이지 않는 복사선(輻射線)으로 화학작용이 강하다. 이 때문에 피부가 화상을 입거나 손상되어 변색의 원인이 되며, 읽기용 기억장치(ROM) 속에 있는 저장 내용 삭제에도 이용된다.

(4) X선(X-rays) : 핵 밖으로 방출되는 파장이 짧고 투과력이 강한 방사선이다. 물질을 잘 투과하여 재료의 시험이나 의학용으로 사용된다. 발견자의 이름을 따라 뢴트겐(Rontgen)선이라고도 한다. 파장이 10~0.001nm 범위의 전자파로서 투과력이 높기 때문에 형광, 전리 및 사진 작용이 있다.

(5) 감마선(Gamma Ray) : 방사성 원소로부터 나오는 전자파로서, X선보다 파장이 짧고, 투과 능력은 크지만 이온화 작용, 사진 작용, 형광 작용은 훨씬 약하다. [네이버 지식백과] 참고

3. 일상생활에서 전자파가 많이 나오는 물건

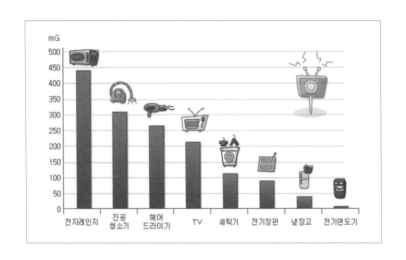

4. 전자기파에 대한 생각

- 전자파가 많이 나오는 부분을 찾아 전자파를 잘 막아주는 물질 배치
- 전자파를 다른 에너지로 바꿀 수 없을까에 대한 고민
- 전자파를 막아주는 물질인 '금'을 대체할 수 있는 물질 개발이 시급

5. 차후 활동

- 전자기파 차단 후 호일과 전자레인지를 이용한 휴대폰 수신 확인 실험 설계

컴퓨터·SW계열

📍 제목 : 알고두 프로그램을 이용한 물컵 채우기 실험

다음 그림의 컵 중에서 가장 먼저 물이 채워지는 컵에 대해 알아보려고 한다. 그런데 그림과 같은 장치를 만드는 게 쉽지 않다. 이를 사고를 통해 확인하는 것도 어렵다면 어떻게 하면 좋을까?

1. 알고두 프로그램

Algodoo는 Algoryx Simulation AB의 고유한 2D 시뮬레이션 소프트웨어다. Algodoo는 흥미롭고 만화적인 방식으로 디자인되어 대화형 장면을 만들기에 완벽한 도구다. 과학 수업에서 물리를 탐색하거나 놀라운 발명품을 제작하고, 또한 멋진 게임을 디자인하거나 Algodoo를 실험해보자. Algodoo는 학생들과 아이들의 창의성, 능력 및 동기부여를 통해 즐겁게 지식을 쌓을 수 있도록 장려한다. 무엇보다 Algodoo는 어린이들이 집에서 물리학을 배우고 연습할 수 있는 완벽한 도구다.

2. 알고두 프로그램으로 해결 가능한 문제들

(1) 스프링과 그래프 실험 : 스프링에 대한 작용반작용을 이해하는 데 도움을 얻을 수 있음.

(2) 빛의 실험 : 렌즈나 거울에 통한 빛의 이동방향을 확인할 수 있음.

(3) **역학에너지 실험** : 등가속도, 등속운동, 등속원운동 등 다양한 운동을 눈으로 보면서 이해할 수 있음.

(4) **롤링볼 실험** : 빗면, 밀고 빠지기, 도미노, 물길 등 다양한 시뮬레이션을 이해할 수 있음.

3. 문제 풀이과정

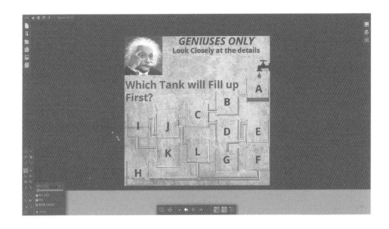

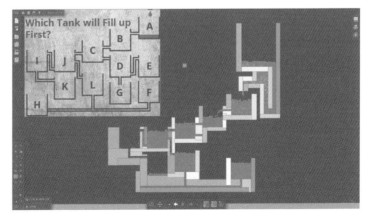

출처 : DogDrip.net (https://www.dogdrip.net/dogdrip/135235362)

4. 실험 결과

4-1) 여러 번 반복해도 F컵이 가장 먼저 채워짐.

4-2) 복잡한 문제도 간단하게 확인할 수 있는 소프트웨어임.

5. 앞으로의 계획

자율주행 자동차 운행에 관심이 있다. 그래서 4G 통신과 5G 통신의 이동거리 명령을 측정하여, 원활한 자율주행 자동차 운행의 가능성을 알고두 프로그램을 통해 확인하고 싶다.

📍 제목 : 수소로켓 만들기 탐구 보고서

인적사항	성 명			소 속	
체험일	년 월 일 (시간)				
체험장소	기관명			소재지	
체험내용	수소로켓 만들기 체험장에서 스포이트에 물을 담은 뒤 전기분해하여 수소와 산소로 나누었다. 그리고 수소가 어느 정도 스포이트에 모이면, 스파크를 이용해 과녁을 맞추는 프로그램에 참여했다. 마지막으로 진동과 빛을 이용해 소리를 보는 체험을 했다.				
체험하고 느낀 점, 과학적 개념을 설명	수소로켓 만들기 체험장에서 건전지를 이용해 물을 전기분해하는 모습을 보고 정말 신기했다. 물을 전기분해하면 수소와 산소가 2:1로 나누어진다. 수소는 (−)극에서 생성되는데, 가연성이 있어 로켓으로 활용할 수 있다는 것을 알게 되었다. 처음에는 너무 많은 수소기체가 모여 다치지 않을까 걱정했다. 소리를 눈으로 볼 수 있다는 게 신기해서 탐구활동에 참여했다. 먼저 플라스틱 컵에 진동판을 만들고, 레이저를 부착시켜 소리를 내면 레이저에서 나오는 빛을 이용해 소리의 움직임을 볼 수 있었다. 소리의 크기, 높이, 음색이 다르다는 것은 알고 있었지만 레이저의 움직임을 통해 이를 확인한 점이 신기했다.				
나의 진로 설정에 어떤 도움이 되었는가?	평소 에너지에 관심이 많아 수소로켓 만들기를 체험하면서 수소자동차의 활용을 이해할 수 있었다. 높은 연비가 나올 수 있다는 게 흥미로웠다. 또한 에너지로 변환하는 과정에서 손실되는 에너지를 줄이는 기술을 탐구하고 싶었다. 소리가 다양한 파형을 통해 생체암호로도 활용이 가능할 것이라고 생각하면서 생체암호에 관심을 가지게 되었다.				

수소기체 분리   수소로켓 만드는 중

제목 : 독서지문 분석을 통한 자신의 진로 발표하기—어크제틱 재료

활동명	'독서'지문 분석을 통한 자신의 진로 발표하기	발표 날짜	년 월 일
		분야/제목	어그제틱 재료
활동 전 나의 준비 (참고자료/매체, 발표 매체)	1. 구글에 검색해 이미지를 활용했으며, 위키백과에 나온 쉽게 풀이한 정의를 이용함. 2. 한국건설기술연구원의 어그제틱 기술개발 최종보고서를 참고함. 3. 「역학 메타물질(이진우 교수)」이라는 논문과 「3D프린팅 기술과 격자 구조체(재료연구소)」의 논문을 참고함.		
지문 분석 (핵심어, 개념, 문단 분석, 내용구조도 등)	1. 재료가 인장력의 작용에 따라 그 방향으로 늘어날 때, 가로방향 변형도와 세로방향 변형도 사이의 비율을 '푸아송비'라고 함. 2. 푸아송비의 종류에는 양의 푸아송비와 음의 푸아송비가 있으며, 일반적인 재료의 경우 양의 값을 가지고 특수한 물질(어그제틱 재료)같은 경우 음의 값을 가짐. 3. 어그제틱 재료의 특징으로는 충격완화효과, 필터성능회복, 초경량, 그리고 3D프린터로 쉽게 제작이 가능하다는 점이 있음.		
진로 및 전공과 관계된 내용 (새롭게 알게 된 사실 등)	어그제틱 기술은 처음 들어보는 기술이었으며, 신소재로서 적합한 특징들인 초경량, 충격완화 등을 새롭게 알게 됨. 매우 뛰어난 특징을 가진 어그제틱 기술을 항공우주 분야에 도입한다면, 안정성 향상과 비용 절감은 물론, 편하게 활동할 수 있도록 도울 것임.		
자신의 진로에 끼친 영향	항공우주공학기술자로서 항공우주 분야에서 신기술을 개발하는 사람이 되고 싶다. 그래서 아직 개발 중인 '어그제틱 재료'를 이용한 신기술들을 개발해 미래 항공우주 기술에 큰 보탬이 되고 싶다. 특히 어그제틱 재료의 특징인 초경량과 충격완화효과를 이용해 우주와 같이 외부로부터 받는 피해를 줄이는 기술을 개발할 것이다. 인공위성, 탐사선, 그리고 우주복 같은 경우를 어그제틱 재료로 만든다면 보다 더 안전하고 편리한 환경에서의 우주 탐사가 기대된다.		
활동 후 다짐과 실천	어그제틱 기술이 상용화될 수 있도록 열심히 공부하기로 결심함. 앞으로 항공우주 분야에 필요한 기술들을 더 관심 있게 찾아볼 것임.		

수학·통계계열

 가정용과 상업용 전기요금의 차이와 전기요금 절약 방법 정리

탐구 동기

최근 지구온난화의 영향으로 폭염이 지속되고 있다. 하지만 전기요금 때문에 집에서 마음껏 에어컨을 사용할 수 없다. 엄마는 제일 더운 시간에 카페에 가서 책을 읽는다. 우리집 전기요금과 카페에 전기요금은 다른 것인가? 어떤 부분에서 차이가 있는지 알아보고 전기요금을 아끼기 위한 절약 방법을 조사했다.

탐구 과정

1. 전기요금 계산법

에어컨에는 전압(V)과 전력(W)이 표시되어 있다.

LG			
전기용품 안전관리법에 의한 표시			
명칭	에어컨		
기능에 따른 종류	냉방기		
모델명	FQ17V7WWAN		
실외기 모델명	FQ237WBU		
정격전압	단상, 220 V, 60 Hz		
	최소	중간	정격
스탠드 냉방 능력 (W)	1 600	4 700	7 000
냉방 소비 전력 (W)	320	1 100	1 900

* 전압 : 전기회로에 전류를 흐르게 하는 능력
* 전력 : 전기기기에서 사용되는 단위 시간당 에너지 양

월 사용 전력량 = 전력 × 하루 사용한 시간 × 사용날짜

* 가정용 전기요금 = 기본요금 + 전력량 + 부과세 10%

아래 표는 기본요금과 전력량이 6단계로 나뉘어져 있음을 알 수 있다.

단계	기본요금 (원/호)		전력량 요금 (원/kWh)	
1단계	100kWh 이하 사용	410	처음 100kWh 까지	60.7
2단계	101-200kWh 사용	910	다음 100kWh 까지	125.9
3단계	201-300kWh 사용	1,600	다음 100kWh 까지	187.9
4단계	301-400kWh 사용	3,850	다음 100kWh 까지	280.6
5단계	401-500kWh 사용	7,300	다음 100kWh 까지	417.7
6단계	500kWh 초과 사용	12,940	500kWh 초과	709.5

(한국전력홈페이지 참고)

* 어떤 가정에서 사용한 전력량이 320kWh일 때, 전기요금 계산

1) 기본요금 : 4단계에 해당하므로 3,850원

2) 전력량 요금 : 320kwh를 100kwh 단위로 분리하면 (100+100+100+20) kwh이다. 따라서 100×60.7+100×125.9+100×187.9+20×280.6=43,062원3) 한 달 전기요금 : 3,850 + 43,062 + (3,850+43,062)×0.1 = 51,603.2원

주택용 전력 요금표를 보면 기본요금의 경우 1단계에 비하여 6단계의 요금이 30배 높고, 전력량 요금의 경우 6단계의 요금 단가가 1단계보다 10배 이상인 것을 알 수 있다. 이것은 사용량이 많을수록 더 많은 양의 전기요금이 부과되는 '누진세'가 적용되기 때문이다. 그렇다면 누진세는 무엇인가?

2. 누진세

누진세는 전기사용량에 따라 전기요금 단가를 높이는 제도이다. 하지만 공장 (공업용)과 커피전문점(상업용)에는 적용되지 않고 가정용 전기요금에만 적용이

된다. 이는 생산활동을 장려하기 위한 것이나 최근에는 이런 차별이 불공정하다는 주장이 제기되기도 한다. 그럼 왜 누진세를 시행하는 걸까? 우선 누진세 시행은 에너지 절약 차원이다. 전기를 적게 사용하는 가정은 낮은 요금을 내고, 많이 사용하는 가정은 더 높은 요금을 내고 있다. 폭염기에는 각 가정마다 누진세가 큰 부담이 되고 있다.

결론

가정에서 실천할 수 있는 전기 절약 방법을 친구들에게 설문지를 통해 조사하기
  1) 성능이 비슷한 제품이라면 소비전력이 낮은 제품을 선택하자
  2) 쓰지 않는 플러그 분리하기
  3) 세탁물은 모아서 세탁하기
  4) 냉장고의 음식은 적당히 채우기

지금의 전기 에너지는 화력 발전 의존도가 높다. 화석연료의 사용으로 지구 온난화를 심화시킨다는 문제점이 있다. 그래서 보다 친환경적인 수력, 풍력, 태양광 발전이 필요하나 효율성이 떨어지는 게 사실이다. 그래서 지금은 전기를 절약하는 생활이 더 효과적이다.

탐구보고서
연계 활동

세종과학실험 캠프(대전 중앙과학관)

http://www.sejong-mentoring.co.kr/bbs/content.php?co_id=camp&me_code=1010

세종과학실험 캠프는 학생 스스로 소질과 적성을 고려하여 진로에 대한 결정을 내리고, 이공계 분야에 중추적인 역할을 하도록 동기부여를 해주는 캠프다. 과학에 관심 있는 일반계 고등학교 학생들을 대상으로 과학고등학교에서 이루어지는 상대적으로 높은 수준의 과학교육 기회를 제공한다.

이 캠프는 고등학생을 대상으로 물리 캠프, 화학 캠프, 생명과학 캠프, 의과학 캠프로 과목별 실험 주제를 달리하여 1박 2일간 과학실험을 기획한다. 관찰, 결과 도출 과정을 겪으며 심층토론으로 이어지는 융합형 프로그램을 통해 높은 수준의 과학 실험 및 토론활동을 경험할 수 있다.

프로그램은 1박 2일형으로 14시간 30분 진행한다. 반기별 실험학습 주제가 다르다 보니 여름방학, 겨울방학을 이용하여 동아리 활동계획에 넣어서 진행하는 방법과 학기 중 학교교육프로그램에 의해 진행하면 학생부에 기록이 가능하다.

과목	학기	반기별 실험학습 주제
물리	3~8월	딘일슬릿과 이중슬릿을 통해 본 빛의 간섭과 회절(6시간) 양자역학의 세계와 LED를 이용한 플랑크 상수 측정 등
	9~2월	레이저의 이해와 빛의 편광 관찰, 빗면에서 내려오는 물체의 직선운동 관찰과 회전관성 이해하기 (6시간) 등
화학	3~8월	산화-환원 반응을 이용한 비타민 C의 분석 및 적정 화학전지를 통한 산화-환원반응의 이해 등
	9~2월	크로마토그래피에 의한 시금치의 색소 성분 분리 유기합성 응용 : 인디고 염료 합성 등

생명과학	3~8월	식물의 성숙/성장에 대한 식물호르몬의 영향 동물호르몬과 물벼룩의 심장박동 등
	9~2월	PCR 기법을 활용한 질병진단 DNA MAP 작성과 포마토(토마토+감자) 생성의 이해 등
의과학	3~8월	소화에 영향을 미치는 요인과 소화제의 원리 돌연변이 초파리 관찰을 통한 유전개념 이해 등
	9~2월	인체 조직 슬라이드를 활용한 인체조직학 단백질 SDS-PAGE 기법 및 Comassie 염색을 이용한 단백질 발현 비교 등

일반계 고등학교에서 하기 힘든 실험을 전문가의 강의를 듣고 함께 실험할 수 있다. 탐구활동에 대한 흥미를 키울 수 있으며, 탐구한 실험활동을 통해 진로를 더 구체적으로 정할 수 있는 기회가 될 것이다.

과학기술 진로멘토링 캠프(대전 중앙과학관)

http://www.sejong-mentoring.co.kr/bbs/content.php?co_id=mentocamp&me_code=2010

과학기술계를 지원하는 학생들에게 KAIST 소속 연구 교수진 및 대덕특구 전문 연구진과 함께 진로 탐구 프로그램을 제공하는 캠프이다.

이 캠프는 초·중·고등학생을 대상으로 다양한 과학기술영역을 주제로 한 실습과 진로탐구 프로그램을 통하여, 스스로 첨단과학기술 인력으로 성장할 수 있는 기회를 제공해주고 있다. 또한 KAIST 멘토와 함께 KAIST를 견학하는 기회도 제공한다.

프로그램은 1일형 6시간, 1박 2일형 12시간으로 나누어져 있다. 분야별 실습 주제로는 CSI LAB(2시간), 창의항공(2시간), 아두이노 코딩(2시간), 로봇코딩(4시간), 창의과학탐구(4시간)으로 구성되어 있다.

주제	구성	내용
CSI LAB	위조지폐감별	지폐위조방지기술 학습을 통하여 형광물질의 반응 원리를 이해해보며 위조지폐 감별기 제작
	지문감식	지문연구의 중요성을 생각해보고, 지문의 분류 유형에 따라 자신의 지문을 분류해보며 나만의 지문 열쇠고리 제작
창의항공	급속충전식 전동비행기 및 창작실습비행기	창작비행기 제작 및 비행의 원리이해
	RC전동비행기	무선통신의 이해 및 3인팅 비행 조종술 실습
	급속충전식 날개치기 전동비행체 (새)	날개치기형 비행체 이해 및 제작실습
	교육용 드론(쿼트콥터)	회전익 멀티콥터 작동원리 이해 및 제작실습

아두이노 코딩	LED Blink과 LED 누적 시프트	FND에 대해 알아보고 FND를 이용한 회로 구성
	엘리베이터 숫자 카운터	FND에 대해 알아보고 FND를 이용한 회로 구성
	가로등의 빛 센서	아두이노에서 센서 값을 받아들이는 방법 탐구
	벽돌깨기	포텐셔미터에 대해 알아보고 엔트리 벽돌깨기 프로그램에 응용
	스위치를 이용한 피아노 만들기	스위치의 원리와 역할을 이해하고 직접 피아노 연주
	압력센서_도형미디어아트	스위치와 압력 센서를 이용하여 도형 미디어 아트를 엔트리로 제작
	불어서 끄는 LED케익	LED와 빛 센서, 피에조 센서에 대해 알아보고 이를 이용해서 LED케익 제조
	가변저항과 RGB LED	RGB LED와 포텐셔미터를 이용해 빛의 가산혼합을 만들어 여러 가지 색을 제작
	온도에 따라 반응하는 선풍기	LED와 온도센서, 모터를 이용하여 온도가 높아지면 작동되는 선풍기 제작
	부저로 연주하기	부저의 원리와 역할을 배우고 다양한 노래 연주
	나만의 이모티콘 만들기	LED에 대하여 배우고 LED matrix를 이용하여 나만의 이모티콘을 제작
로봇코딩	스마트장치	빔과 엑셀 등을 이용하여 튼튼한 구조물 만들고 최소부품으로 베이스 봇 제작
	무인장치	로봇제어에서 많이 사용하는 다양한 대기블록예제를 익히고 디스플레이/사운드/LED 장치 출력 제어
	로봇생물	터치/초음파/컬러/자이로센서를 익히고 창의적인 족보행 로봇생물을 제작
창의과학 탐구	동식물로부터 DNA추출	동, 식물로부터 DNA를 추출하고 전기영동장치를 이용하여 관찰
	식물호르몬인 에틸렌을 이용한 식물의 성숙과 성장의 관계 이해	귤의 당도 실험으로 에틸렌 호르몬의 작용과 대표적인 식물호르몬의 역할 이해
	현미경을 이용한 하천의 미소생물 관찰과 생체량 분석	직접 하천에서 채수하고, 현미경을 이용하여 미소생물을 관찰
	초파리 유충의 침샘염색체 추출과 관찰	초파리 유충을 해부하고 침샘 염색체를 추출하여 관찰하고 분열과 응축과정을 이해
	특수염색법으로 염색한 혈관 관찰	evans blue와 india ink로 혈관을 염색하여 관찰하고 혈관 구조 이해

	총알 속력 구하기	완전 비탄성 충돌에서의 운동량 보존법칙과 충돌한 진자의 역학적 에너지 보존을 이해하고, 이를 이용하여 충돌 직전 총알의 속력을 구함
창의과학 탐구	소비전력의 이해와 모터의 효율 측정	가전제품에서 쉽게 접할 수 있는 소비전력의 개념을 이해하고, 공작용 모터의 소비전력을 직접 측정하여 에너지 효율을 계산
	전기그네 만들기	자기장이 전류가 흐르는 도선에 작용하는 힘의 방향을 알고 힘의 크기, 전류의 세기와의 관계 이해
	화학양론의 이해와 스테아르산을 이용한 아보가드로 수 측정 (몰의 개념이해)	친수성과 소수성을 갖는 스테아르산을 이용하여 화학에서 물질의 양에 대해 다루는 분야인 화학양론 이해
	염료 감응형 태양전지(DSSC) 만들기	천연염료로 태양전지를 만들어 전기가 흐르는 것을 확인하고, 염료감응형 태양전지를 장단점 탐구
	포도당의 산화 반응을 통한 은거울 반응 실험	알데하이드와 은 착화합물의 산화–환원 반응을 생각해보고 은거울 반응의 원리 이해

일반계 고등학교에서 실험하기 어려운 것을 지역 대학교와 연계하여 전문적인 탐구활동을 지원해주고 있다. 이러한 활동을 연계시키지 못한 학교는 동아리활동과 연계하여, 전문적인 탐구활동과 평소 궁금한 내용을 깊이 알아보는 시간으로 활용할 수 있는 기회가 될 것이다.

동아리 심화 탐구 교육(부산과학관)

https://www.sciport.or.kr/kor/CMS/EventMgr/view.do?mCode=MN037&sitecode=kor&event_code=3655

　동아리 심화 탐구 교육은 동아리별 관심사에 따라 실험, 메이커 및 코딩 등을 주제 중심으로 체험할 수 있는 심화교육 프로그램이다.

　이 캠프는 초·중·고등학생을 대상으로 수준별, 주제별 1팀당 20명 이하 학생들을 대상으로 110분~220분간 교육이 진행된다. 다양한 과학실험을 선정하여 관찰 및 탐구하고, 결과 도출 과정을 통해 융합형 프로그램으로 높은 수준의 과학 실험 및 토론활동을 경험할 수 있다.

　선택 가능한 교육프로그램은 다음과 같다.

대상	교육시간	S 사이언스 주제	M 메이커 주제	S 소프트웨어 주제
초등학교 1~3학년		착한 물 프로젝트 (물의 성질과 정수실험)	페이퍼 오토마타	코딩로봇 I (터틀로봇)
초등학교 4~6학년		해부교실 I (멸치해부) 시계반응 관찰교실 I (광학현미경)	전자회로 I 3D프린팅 I 드로잉로봇 I	스크래치 센서보드 마이크로비트 I 코딩로봇 II (터틀로봇)
중학생	110분	해부교실 II (오징어해부) 관찰교실 II (광학현미경) DNA전기영동실험 I	전자회로 II 3D프린팅 II 목공기계 활용 우두퍼즐	마이크로비트 II 코딩로봇 III (터틀로봇) IoT앱인벤터 I
중학생 심화(중3) 고등학생 기본		해부교실 III (소논해부) 관찰교실 III (광학현미경) DNA전기영동실험 II 신재생에너지 효율실험 I	전자회로 III 3D프린팅 III 목공기계 활용 우드퍼즐	마이크로비트 III 코딩로봇 III (터틀로봇) IoT앱인벤터 II
고등학생 심화 I		신재생에너지 효율실험 II		

			아두이노 이퀄라이저 3D프린터 분해조립 실습	AI자율주행
고등학생 심화II	220분			

　　일반계 고등학교에서 하기 어려운 실험을 전문가와 함께 실험하면서 탐구활동에 대한 흥미를 키울 수 있다. 또한 탐구활동을 하고 싶지만 시간이 없어 제대로 된 실험을 못해본 친구들에게 짧고 임팩트 있는 탐구활동을 할 수 있는 좋은 기회가 된다.

자연과학탐사 캠프(대구과학관)

https://www.dnsm.or.kr/scienceClassroom/scienceExplorationCamp.do

자연과학탐사 캠프는 책으로만 보았던 과학을 현장에 직접 방문하여 검증해 볼 수 있으며, 과학자와 함께 여행을 하면서 이공계 분야의 진로를 탐색해볼 수 있는 캠프다.

이 캠프는 초·중·고등학생뿐만 아니라 성인들과 함께 할 수 있는 체험활동이다. 물리 캠프, 화학 캠프, 생명과학 캠프, 의과학 캠프로 과목별 실험 주제를 달리하여 1박 2일간 과학실험을 기획한다. 관찰, 결과 도출 과정을 겪으며 심층 토론으로 이어지는 융합형 프로그램을 통해 높은 수준의 과학 실험 및 토론활동을 경험할 수 있다.

프로그램은 1박 2일형으로 14시간 30분 진행한다. 반기별 실험학습 주제가 다르니 여름방학, 겨울방학을 이용하여 동아리 활동계획에 넣어서 진행하는 방법과 학기 중 학교교육프로그램에 의해 진행하면 학생부에 기록이 가능하다.

캠프	탐구 및 탐사내용	동행하는 과학자
카이스트와 대덕연구단지로 떠나는 청소년 진로멘토링 1박 2일 캠프	• 국가핵융합연구소(핵융합과 관련된 멘토링 특강 참여 및 홍보관 견학) • 한국항공우주연구원(로켓, 인공위성, 첨단 항공기 등 연구현장 견학) • 국립중앙과학관(과학기술 및 자연사 전시물 관람 및 교육) • 카이스트 연구실 및 캠퍼스 탐방(실제 대학 연구실의 연구와 생활 견학) • 한국지질자원연구원 지질박물관(지질학, 지하자원 및 고생물학 전시 관람 및 견학)	전해질 박사 최병도 박사

금호강 철새관찰 1일 탐사	• 달성습지 및 달서천 조류 관찰(다양한 겨울 철새와 텃새 관찰) • 금호강 주변 하천 조류 생태 관찰(철새 관찰과 조류학자 해설 강의)	유재평 박사 김인규 박사
대구의 백악기 화석 1일 탐사	• 영천시 백악기 연체동물 및 척추동물 화석 탐사 • 대구가톨릭대 대형 스트로마톨라이트 탐사 • 대구 신서동 공룡발자국 화석지 탐사	김태완 박사 최병도 박사
고성 백악기 공룡발자국 1박 2일 탐사	• 함안 새발자국 화석지 탐사 • 고성 공룡발자국 화석지 탐사 및 지질학 교육 • 고성 공룡 EXPO장 및 박물관 관람 • 통영 백악기 공룡발자국 탐사 • 고성 공룡발자국 화석, 퇴적층 탐사	김태완 박사 최병도 박사
낙동강으로 물고기 1박 2일 탐사	• 상주 수서곤충, 담수생태계 탐험 • 생물자원관 미션활동 및 야간채집 • 천체관측 • 상주보 수상레저센터(동력/무동력) 체험 • 상주 자전거 박물관 관람 및 체험	전해질 박사 최병도 박사
제주도 3박 4일 자연과학탐사	• 우도탐사 • 광치기 해안, 신양리층 탐사(화석산지) • 신산리 해변(정해수산) 맨틀포획암 관찰 • 비양도 탐사 • 영알해안 및 수월봉 탐사 • 서귀포층 화석산지 • 사계발자국화석지 탐사 • 산방산 유람선 및 주상절리대 관찰 • 제주세계자연유산센터 관람 • 거문오름 탐방	김태완 박사 박정웅 박사

탐사를 해볼 수 있는 기회가 별로 없는데 우리나라 다양한 지역을 탐사해보면서 과학지식을 얻을 수 있는 특별한 기회를 제공할 것이다. 특히 혼자가면 과학지식을 얻을 수 있는 것이 적을 수 있는데 과학자와 함께 탐사를 하다 보니 탐사활동에 대한 흥미를 더 키울 수 있는 계기가 된다.

테마형 과학교실(광주과학관)

https://www.sciencecenter.or.kr/education/view.es?SEQ=65&mid=a10509020000

테마형 과학교실은 학생들의 관심사에 따라 다양한 실험과 메이커 및 코딩 등 테마 중심으로 체험할 수 있는 프로그램이다.

이 캠프는 초·중·고등학생을 대상으로 수준별, 주제별 선택하여 50분간 교육이 진행된다. CSI과학수사대, 메이랩, 바이오랩, 창의공작소, 빛탐구실, ICT랩 등 다양한 주제 중 선정하여 관찰 및 탐구를 하면서 더 깊이 있는 토론활동으로 연계할 수 있도록 기회를 제공한다.

선택 가능한 테마 과학교육은 다음과 같다.

주제	대상	탐구 내용
CSI과학수사대	초·중·고	• 암호, 혈흔, 위조지폐 및 문서, 지문, CCTV 등을 분석함으로써 과학수사 원리 탐구 • 빛으로 보는 편지(적외선 수사)
메디랩		• 주사, 피부봉합 등 간단한 시술 체험 • 귀의 소리전달 탐구
바이오랩		• 약물의 기능과 효과를 배우고 DNA추출 및 분석 등 다양한 실험 탐구 • 젤라틴을 이용한 말랑말랑한 비누 제작
창의공작소		• 소형 목공 기계를 이용한 나무작품 제작 • 캐릭터 시계, 오뚝이 제작
빛탐구실	초·중	• 빛의 성질을 통해 실험과 실습을 통해 빛의 특징 이해 • 만화경 제작
ICT랩	초·중	• 움직이는 블록코딩 로봇 • 코딩 팡팡 엔트리 • Let's play! 언플러그드 컴퓨팅
	초·중·고	• 도전! 로보틱스 코딩

탐구활동을 하고 싶지만 시간이 없어 제대로 된 실험을 못해 본 친구들이 많다. 그래서 준비물을 사전에 준비하여 짧은 시간에 효과적으로 탐구활동을 할 수 있는 좋은 기회를 얻을 수 있다. 이 탐구활동을 통해 과학적 호기심을 길러 다양한 분야로 관심사를 확장할 수 있는 기회를 제공해준다. 이공계 진로를 선택하는 데 도움을 주는 프로그램이다.

창의과학 아카데미(과천과학관)

http://www.sciencecenter.go.kr/scipia/education/experienceWeekends

창의과학 아카데미는 1년 중, 총 4번의 과학아카데미를 참여할 수 있다. 깊이 있는 과학적 호기심을 길러주기 위해 1일 2시간, 총 10회 교육을 진행하여 과학의 개념과 원리를 이해하고, 과학에 공학, SW, 창작, 인문, 철학 등을 융합하여 과학인재를 양성하는 프로그램이다.

이 캠프는 초·중등학생을 대상으로 과학기본소양 과정과 과학융합역량 과정으로 구분하여, 주제집중 과정과 탐구집중 과정을 통해 더 깊이 있는 토론활동으로 연계할 수 있도록 기회를 제공한다.

창의과학 아카데미 교육과정은 다음과 같다.

과학기본소양 과정

단계	프로그램	학습내용
과학시작	원소야 놀자	원자와 분자의 개념부터 일상생활의 물질에 이르기까지 만물의 본질에 대해 이해하고 원소의 개념과 연결하여 배운다.
	둥실둥실 기체와 함께 놀아요	우리 생활에서 볼 수 있는 현상을 과학적으로 살펴보고 재미있는 과학의 세계에 빠져본다.
기초원리	출발~수나라, 도형나라	체험하고 탐색하는 수학활동을 통해 수학의 기본 원리와 개념을 깨우치고 창의적인 사고능력을 기른다.
	과학 첫만남	과학을 처음 접하는 학생들이 흥미를 느낄 수 있도록 관찰, 실험, 만들기 등을 통해 기본 개념을 익힌다.
	생각을 여는 수학	수학의 기본원리와 개념을 알고, 연계된 교구를 만들면 수학적 흥미와 탐구능력을 기를 수 있다.
	과학 생각	자연을 관찰하고 원리를 탐구하면서 생각을 정리하고 기록하여 과학활동의 기본 능력을 형성한다.

기초원리	과학 체험	과학적 원리를 체험할 수 있는 수업으로 지구환경과 우주, 동물과 식물, 힘과 운동, 원자와 분자를 관찰과 실험활동을 통해 이해한다.
	과학 창의	바다생태계, 생명현상의 이해, 에너지와 소리, 산화환원반응 등을 이해하기 위한 관찰 및 실험활동을 통해 과학적 창의력을 향상시킬 수 있다.
주제집중	생각 꿈틀! 곤충나라	우리 주변에서 만날 수 있는 곤충을 관찰하고, 만들기, 게임, 노래 등 오감을 활용한 창의적인 표현으로 곤충에 대해 알아본다.
	자연에서 놀아요	자연 속 동식물의 생태를 놀이를 통해 몸으로 체험하고, 탐구활동 등 활동을 하며 동식물의 특징과 생활사를 이해할 수 있다.
	별별 지구 생물이야기	다양한 동물, 식물의 특징, 생활방식을 알아보고 다양한 기준에 맞춰 비교 분류해보면서 생물 다양성의 의미를 알 수 있다.
	열려라, 곤충세상	겨울을 이겨내는 곤충의 전략, 놀라운 능력을 가진 곤충의 세계를 관찰하고 연계된 활동과 체험으로 흥미를 갖게 된다.
	알면 쓸모 있는 물리이야기	다양한 물리 이론을 관찰과 실험, 만들기를 통해 스스로 찾고 정의 할 수 있다.
	케미폭발 화학실험실	화학의 기본 개념과 다양한 화학 반응을 토의와 실험으로 알아보고, 이를 통해 과학적 사고력과 탐구능력을 기른다.
	단위야 놀자	새롭게 바뀐 국제단위계(SI단위)에 대해 알아보고, 다양한 활동을 통하여 단위의 중요성을 학습한 후에 직접 체험해본다.
탐구집중	화학팡팡 물질세상	원소의 역사부터 여러 가지 화학반응, 미래의 신소재에 대해 이해하고 실험과 토론을 바탕으로 화학에 대한 탐구능력을 기른다.
	과학도약 I	수업 전 조사한 내용을 수업 중 조별 토론으로 정리하고 실험 진행과 결과 공유를 통해 스스로 공부할 수 있는 창의적 능력을 기른다.
	중등 과학 I	과학적 사고력 향상을 위한 수업으로 수업 전 미션과 실험, 토론을 통해 스스로 탐구하는 힘을 기른다.

과학융합역량 과정

단계	프로그램	학습내용
과학시작	밀고 당기는 자석의 힘	우리 주변에서 볼 수 있는 현상을 과학적으로 살펴보고 재미있는 과학의 세계에 빠져본다.
	기계를 움직이는 도구의 비밀	기계를 움직이는 요소로 사용되는 도구(지레, 도르래)들에 대해 살펴보고, 이를 이용한 체험활동을 해본다.

과학시작	줄어드는 에너지, 넘치는 쓰레기	우리 주변에서 볼 수 있는 환경문제를 탐구하고, 과학적으로 해결할 수 있는 방법을 알아본다.
기초원리	pre코딩	몸과 두뇌를 사용하는 다양한 활동으로 컴퓨터의 동작원리를 배우고, 주어진 문제를 컴퓨터처럼 해결해보는 논리사고력을 키울 수 있다.
	코딩이랑 수학이랑	게임 만들기, 그림, 퀴즈 등 다양한 놀이활동을 통해 컴퓨터 원리나 개념을 이해하고, 나아가 코딩 속 수학을 발견하며 논리적 사고력을 신장시킨다.
	fun한 엔트리로 코딩 한걸음 더	엔트리 기초를 토대로 심화된 문제들을 해결하며 컴퓨팅 사고력 및 문제해결력을 기를 수 있다.
	모니터 밖으로 뛰어나온 코딩	모니터 속 코딩이 현실이 된다. 엔트리로 프로그래밍을 경험해 보았다면 이제는 실제 현실에 코딩을 접목시킬 수 있다.
주제집중	책 읽는 꼬마과학자	동화 속 과학원리를 다양한 실험을 통해 탐구해보고, 독서와 과학실험활동으로 과학적 호기심과 상상력을 동시에 키울 수 있다.
	앗! 생활 속 전통과 놀이에 과학이	생활 속 세시풍속, 전래놀이에 대해 알아보고, 다양한 체험과 실험활동을 통해 숨은 과학원리를 이해한다.
	발명품 속 과학원리	일상을 바꾼 발명품들 속 과학원리를 실험과 만들기를 통해 체험하고, 실생활에 적용할 수 있는 창의융합적인 사고력을 키운다.
	CSI과학수사대(기초)	실제 과학수사에 이용되는 장비로 과학수사의 과정을 직접 체험하고, 과학수사 안에 숨어있는 과학원리를 이해한다.
	꿈꾸는 건축 속 과학I	안전하고 멋진 건축 속 비밀과 건축물에 담긴 과학원리 및 기술을 알아보고 자신이 살고 싶은 공간 및 친환경적 미래 건축물을 설계해본다.
	내 손에 잡히는 과학탐구관	자연현상에 대해서 단순 이론적인 학습보다는 올바른 관찰을 통하여 그 현상들이 어떻게 일어나는지를 탐구하고 이를 실생활과 연결하여 살펴봄으로써 과학적 사고력을 높인다.
	영화 이야기로 게임만들기	자신이 좋아하는 영화나 애니메이션을 주제로 캐릭터와 이야기를 만들고 그것을 바탕으로 엔트리를 활용하여 게임을 제작하는 과정이다.
	융합 과학자가 되어볼래?	과학지식과 실생활 연계문제를 하드웨어 융합을 통해 창의적인 융합과학을 경험한다.
	과학원리와 코딩	기압, 빛, 가속도와 중력에 대하여 센서로 과학실험을 하고 센서에서 측정한 데이터가 코딩으로 어떻게 표현되는지를 이해하여 과학적 지식을 깨닫고 응용하는 법을 생각해보도록 한다.

자기주도	광합성과 호흡	식물이 광합성을 통해 영양소를 얻음을 알고 만들어진 영양소를 분해하여 호흡함으로써 에너지를 만든다는 걸 알 수 있다.
	골드버그 교실(기초)	골드버그 장치에 활용되는 다양한 과학적 원리를 이해하고 직접 제작하며 창의적 문제해결력을 기른다.
	골드버그 교실(심화)	골드버그 장치에 활용되는 다양한 과학적 원리를 적용하여 복합 장치를 제작하고 창의적 사고능력을 기른다.
	코딩 드론	드론 관련 항공법과 비행원리를 알아보고 직접 조종해본다. 드론 제어를 위한 프로그램과 미래 드론활용 분야에 대하여 알아본다.

하나의 탐구활동을 10회에 걸쳐 깊이 탐구해볼 수 있어 과학적 원리와 흥미를 높일 수 있는 프로그램이다. 또한 학년을 구분하여 체험할 수 있으며, 학년이 올라가서도 지속적으로 활동할 수 있다는 게 장점이다. 또한 과학적 기심을 길러서 다양한 분야로 관심사를 확장할 수 있는 기회를 얻을 수 있어 이공계 진로를 선택하는 데 도움이 된다.

생명·환경과학교육센터(서울대)

http://lesec.snu.ac.kr/main/?load_popup=1

서울대 농생명과학공동기기원은 농업, 환경, 생명과학 분야를 체계적으로 발전시킬 수 있는 인재를 양성하고자 교육을 운영하고 있다. 과학적 호기심을 길러주어 과학기술에 대한 이해 증진 및 대중화를 이해를 위해 이론뿐만 아니라 실험, 실습을 통해 어렵게 느끼는 생명공학 및 환경과학에 관심을 높이고자 프로그램을 운영하고 있다.

이 캠프는 중·고등학생을 대상으로 1일 학기 프로그램과 1박 2일 방학 프로그램을 운영하여 동·식물 DNA추출, 세포와 세포분열의 관찰, DNA추출과 세포관찰, 기질과 효소, 플라스미드 DNA와 제한효소, 미생물 배양 및 관찰, CSI 속 과학이야기, Blood 관찰 및 DNA추출 등의 주제를 심화탐구 및 토론활동을 제공한다.

생명 환경과학 교육과정은 다음과 같다.

학기 프로그램(1일 5시간 교육)

프로그램	내용
동·식물 DNA추출	DNA추출 원리 및 과정을 이해하고, 전기영동을 통해 DNA를 확인
세포와 세포분열의 관찰	현미경을 이용하여 세포분열 과정을 이해하고, 다양한 세포를 관찰
기질과 효소	기질과 효소의 특징을 이해하고, 이를 활용한 반응을 직접 설계 및 수행

방학 프로그램(1박 2일, 10시간 교육)

프로그램	내용
DNA추출과 세포관찰	DNA추출 원리 및 과정을 이해하고, 전기영동을 통해 DNA를 확인, 광학현미경을 이용하여 다양한 시료를 관찰
Plasmid DNA와 제한효소	분자생물학의 기초 이론을 바탕으로 형질전환 된 대장균을 배양하여 plasmid DNA를 추출하고, 제한효소로 DNA를 확인
미생물 배양 및 관찰	우리 주변에 존재하는 다양한 미생물을 여러 종류의 배지를 활용하여 배양해보고, 배양된 세균을 광학현미경으로 관찰
CSI속 과학이야기	드라마 CSI에 나오는 실험을 수행하고, 이를 응용해 직접 사건을 해결
Blood 관찰 및 DNA추출	다양한 Blood를 광학현미경을 이용하여 관찰하고 DNA를 추출하여 전기영동을 통해 확인

생명, 화학, 의학계열에 관심 있는 전국의 학생들이 많은 관심을 가지고 있는 프로그램이기에 조기 마감이 되니 빠르게 접수하는 것이 중요하다. 또한 같은 진로를 가진 친구들이 어떻게 공부하고, 얼마만큼 공부했는지 자기 점검의 시간이 될 수 있어 더욱 좋은 프로그램이라고 생각된다. 또한 학교에서 위의 실험들을 할 수 없어 아쉬웠던 친구들이 깊이 탐구 및 토론활동을 통해 진로를 구체화할 수 있는 프로그램으로 진로를 선택하는 데 많은 도움을 줄 수 있다.

우주체험교실(고흥 나로우주과학관)

https://www.kari.re.kr/narospacecenter/0203

고흥 나로우주과학관에서 청소년들에게 대한민국 우주연구의 발전 및 가능성에 대한 이해, 우주과학의 기본 원리와 로켓에 대한 이해, 흥미로운 인공위성과 우주과학에 대한 이해를 돕기 위해 교육과정을 구성하여 우주 관련 산업에 대한 전반적인 이해를 돕고자 프로그램을 운영하고 있다.

이 캠프는 중·고등학생을 대상으로 1일 프로그램으로 우주센터 견학, 나로호 키트 제작, 물로켓 제작과 발사를 통한 로켓의 원리 이해, 스페이스 투어(3D, 4D)영상 시청을 하면서 항공우주 주제를 심화탐구 및 토론활동을 제공한다.

우주체험교실 교육과정은 다음과 같다.

우주체험교실 프로그램(1일 4.5시간 교육)

단위 프로그램	교육시간	비고
우주센터 견학	60분	–
스페이스 투어 (과학관 전시물 안내)	60~70분	3D, 4D영상 포함
물로켓 프로그램	90분	1인 1개 제작 및 발사
캔위성 프로그램	90분	1인 1개 체험 및 실습
나로호 키트 만들기	60분	1인 1개 제작 및 소유
우주과학 골든벨	60분	상품 별도, 개별프로그램과 연계

우주항공, 기계계열에 관심 있는 학생들이 방학이면 관광버스를 빌려서 견학

과 체험을 할 정도로 인기다. 나로우주센터는 발사대시스템, 위성시험동, 발사체 조립동, 고체모터동, 발사통제동, 기상관측소 등 다양한 최첨단 시설들을 갖추고 있어 다양한 경험을 쌓을 수 있는 곳이다. 또한 같은 진로를 가진 친구들과 우주과학 골든벨을 통해 자기를 점검하는 시간이 될 수 있다. 다녀와서 더 깊이 있는 공부로 연계가 된다는 점에서 매우 좋은 프로그램이라고 생각된다.

청소년 항공우주 진로 캠프(대전 항공우주연구원)

https://www.kari.re.kr/kor/sub07_05_03.do

항공우주연구원에서 청소년들에게 대한민국 항공우주연구의 역사와 우리나라 항공우주 기술의 발달 현황을 알려주고 있다. 연구원들과의 대화시간과 견학, 로켓 개발 프로젝트를 통해 우주과학의 어떤 분야에서 자신의 진로를 펼칠지 깊이 탐색해볼 수 있는 기회가 되는 프로그램이다.

이 캠프는 중·고등학생을 대상으로 방학 중 1일 프로그램으로 항공우주연구원 견학, 연구원과의 진로멘토링, 로켓개발 프로젝트를 듣고 캔위성을 제작해보는 활동을 한다. 이를 통해 항공우주 주제를 심화탐구 및 토론활동을 할 수 있다.

항공우주진로 캠프 교육과정은 다음과 같다.

우주체험교실 프로그램(1일 4.5시간 교육)

• 진로 멘토링(연구원과의 대화)
• 항공우주연구원 견학
• 로켓개발 프로젝트 실험